歩くパワースポットと呼ばれた僕の大切にしている運気アップの習慣

SHOCK EYE《ショックアイ》
湘南乃風

講談社

奉

購入特典

本書掲載の写真5種が待ち受け画像として、
以下のQRコードからダウンロードできます。

パスワード	seu2kd

http://book-sp.kodansha.co.jp/shock_eye_unkiup/

● お手持ちの携帯電話でQRコードを読み取り、パスワードを入力のうえ、お好きな画像をダウンロードしてください。待ち受け画像の保存方法は、機種により異なります。ご利用の機種の取扱説明書にてご確認ください。なお、画像の提供は予告なく終了することがございます。あらかじめご了承ください。

※QRコードは株式会社デンソーウェーブの登録商標です。

撮影協力：明治神宮（カバー写真、口絵2ページ目）、根津神社（口絵3ページ目）

はじめに

僕が「歩くパワースポット」に？

「運がよくなる方法を教えてください！」

ここ一年、僕はたくさんの人からこんなことを聞かれた。
どうして僕に？　最初は正直、戸惑いもあった。

僕が初めて〝運〟を意識したのは、10年前。
湘南乃風のメンバー、RED　RICE（以下、レッド）の番組にゲスト出演したとき、占い師のゲッターズ飯田さんに鑑定してもらったことがきっかけだった。

ゲッターズ飯田さんは当時、僕のことを、それまでに占ってきた何万という人の中で1番か2番目に運が強く、「運のステージが違う」と言った。

「運のレベルが半端なく高い」「歩くパワースポット」だとも言ってくれた。


「え、僕が？」

それまで自分は特別運がいいと思ったこともなかったし、周りから強運だと言われたこともなかった。


そもそも、運にステージなんかあるの？

パワースポットって歩いていいの？

頭の中はクエスチョンだらけになった。


とにかくすごいことを言われた気がするけど、自分がそんな人間だとはどうしても思えなかった。

なんだか恥ずかしくて仕方がなかった。

「歩くパワースポット」と呼ばれたことをきっかけに、こんな噂《うわさ》も広がった。

「ショックアイの写真を待ち受けにすると、いいことが起こるらしい」

気づくと、僕の写真をスマホの待ち受けにする人が少しずつ増えていて、ファンのみんなや、それまで湘南乃風を知らなかった人たちからも〝いいこと報告〟が次々と届くようになった。

「仕事が決まった」「志望校に合格できました」

「彼氏ができた！」「引きこもっていた子供が学校に行くようになりました」

いつしかその噂は、僕の知らないところにまで広がっていた。

2018年の9月には、「行列のできる法律相談所」（日本テレビ系）から出演依頼をいただいた。

なんと、女優の波瑠《はる》さんが僕をスマホの待ち受けにして、いいことがあったから会いたいというのだ。

え？　そんなところまで？

一体、何が起きているんだ？

女優さんが僕を待ち受けにしてくれていること自体驚きなのに、さらにいいことがあったなんて……信じられなかった。

だけど、〝いいこと報告〟をもらうたびに、何が起こっているのかはよくわからないけれど、素直に嬉しかった。

「歩くパワースポット」

最初は戸惑いしか感じなかった言葉が、だんだん僕の中で大きな存在になってきた。

せっかく「歩くパワースポット」と呼ばれたのだから、その言葉に恥じない自分になれるように、とにかく頑張ろう。いつしかそう思うようになった。

この本では、僕がそう思えるようになるまで、この一年間、手探りながらも「歩くパワースポット」として活動してみてわかったことについて、書いてみようと思う。

占い師でも超能力者でも聖人でもない僕の、何気ない、だけど大切な運気アップの習慣。

それが少しでも読んでくれた人の運気アップにつながったとしたら、僕にとってこんなに嬉しいことはない。

湘南乃風　SHOCK　EYE

CONTENTS

第1章 運との付き合い方を考える

第2章

心を整えたいときは、神社に行く

第3章

目の前のことに夢中になれば、大きな夢につながっていく

第4章

「自己肯定感」は、人との出会いで高められる

第5章

今を受け入れて「感謝」する

第1章

運との付き合い方を考える

LUCK

運ってなんだろう

「歩くパワースポット」

そう呼ばれるようになった自分をポジティブに受け止めようと決めた僕は、戸惑いは捨てて、今の自分にできることを考えた。

僕を信じてスマホの待ち受けにしたのに「いいことが起きなかった」なんて、がっかりさせたくない。期待に応えたいし、幸せにしてあげたい。

そのために、自分なりにできることってなんだろうって。

一生懸命考えて、まずは生活を見直し、整理整頓を心がけたり、心を整えるためにできることを日々実践した。

時間を見つけては神社にお参りしに行ったり、さらにインスタグラムに寄せられた相談にも真剣に向き合った。

そんな小さな習慣でも毎日続けていくうちに、「歩くパワースポット」という名前に恥じない自分になろうという決心も固まっていった。

そんなことを続けていたら、ありがたいことに本を出す機会にも恵まれた。

僕の普段の小さな心がけや習慣をまとめた初めての著書『歩くパワースポットと呼ばれた僕の大切にしている小さな習慣』は、驚くほど多くの人が手に取ってくれた。

出版を機に、テレビや雑誌で紹介してもらったり、僕にとっては初めてとなる講演会も経験させてもらった。

少し不安はあったけれど、すべてポジティブに受け止めて、一生懸命に取り組んだ。

すると、ますますいろんな人から「運がよくなる方法を教えてください」と聞かれるようになった。

運ってなんだろう。

運とはいったいどういうものか、いまいちわからない僕は、運にまつわることが書いてある本を読んでみることにした。

何が正解かわからないけれど、まずはできることから始めようと思った。

さらに、それまで以上にたくさんの人の声に耳を傾け、自分の言動や生活をすべて見つめ直した。神社についても全国各地、行ける限り参拝した。

その中で僕なりに気づいたことがある。

それは、運がいいって「宝くじに当たる！」とか「ギャンブルに勝った」とか、そういうことではないって。

運って、もしかしたら、こういうことなのかもしれない。

僕なりに少しだけわかったことがある。

この本では、この一年で僕が向き合ってきた**「運との付き合い方」**について、書いてみようと思う。

何事もポジティブに変換！

昔から、本を読むのは好きだった。

興味のある分野については、時間を忘れて何冊も読みこんだ。時々、あまりにものめり込みすぎて周りが見えなくなることもあるくらい。

僕は「歩くパワースポット」と呼ばれたからには、運気について探求してみようと思った。

そこで、運気そのものについて書いてある本はもちろん、心理学、人間行動学、自己啓発本、運の引き寄せ本など、ジャンルを問わず、何冊もの本を読んでみた。

すると、どの本にも共通することがあった。

それは**「ポジティブな行動とポジティブな思考に運は味方する」**ということ。

悪い行動やネガティブな思いの先に願いが叶う、なんてことが書いてある本は一冊たりともなかった。

そんなことを意識するようになったとき、いいタイミングで、とある話を聞いた。

ジョン・F・ケネディ米大統領が宇宙センターを訪れたとき、そこで働く清掃員さんに「今、何をしているんですか」って尋ねた。

すると、その人は「私は人類を月に送るお手伝いをしています」って答えたんだって。

この考え方こそ、ポジティブの極みだと感じた。

自分の仕事に誇りを持ったその言葉に、嬉しくなって笑顔が浮かんだ。ただ清掃員としてそこにいるわけじゃない。自分は、大きな夢を叶えるメンバーの一員として掃除をしている。

そう思うだけで、毎日の仕事もより楽しく、やりがいを持ってできるような気がした。

僕が「歩くパワースポット」と、あるときからこう呼ばれたことについても、最初は戸惑うことも多かったし、心の底から信じられていたわけじゃない。自信だってなかった。

でも、みんなが僕に期待してくれていることを、自分なりに**ポジティブ変換**することにした。

すると、驚くくらい考え方が前向きになり、それまで見ていた世界の色が少しずつ、変わっていった。

ポジティブのメモ帳を作る

僕が最近始めた習慣がある。

朝、目が覚めたらまず**「今日はどんないいことが起きるんだろう！」**って考える。

僕にだって憂鬱な日もあるし、ヘコんで何も考えられないときだってある。そんなときでも、「おはよー」って元気よくあいさつをして。仕事のこと、家族のこと、何でもいい、これから始まる一日を思い描いて「今日はどんないいことが起きるんだろう！」って、とにかく決めつけて一日をスタートさせる。

そして夜、一日の締めくくりには、枕元で「今日起きたことでよかったこと」を振り返る。

そのうち、3つくらいをスマホのメモ帳に書き出してセーブし、就寝する。

内容は、自分が「よかった」と思えることならなんだっていい。

「目標が達成できた」「いい出会いがあった」とかはもちろん、「大好きなラーメンが食べられた」「車で渋滞に遭わなかった」「電車で座れた」なんて、小さなものでも。


とにかく、嫌なことではなく、今日あった「いいこと」だけに注目して。

何もなかったと思う日でも、必ず3つ以上書き出していった。


不思議なことに数日も続けていると、つねにいいことを探している自分がいることに気づく。

毎日、びっくりするようないいことがあるわけじゃないから、ハードルを下げて、ほんとにささやかなことでもカウントする。

そのうちに「午前中でもう3つ集まっちゃったな」って日もあって、たちまち3つじゃ収まりきらなくなった。


極め付きは、始めてから1週間くらいたった仕事帰りのある夜。

玄関前に到着した何気ないその瞬間に「今日も無事に帰って来られてよかった」って、そんな感情になった自分にはさすがに驚いた（笑）。


こんな話を聞いたことがある。

プリウスを買ったばかりのある男性が、街中をドライブしていて思ったらしい。「今日はずいぶんとプリウスを見かけるなぁ」と。

でも、実際はその日に限らず、街中でプリウスはよく見かけるもの。

これは、「カラーバス効果」といって、人はある特定のものを意識していると、無意識にそれに関する情報を引き寄せる、ということらしい。

僕は、この習慣を始めてから、無意識にポジティブを探している。

マインドのシフトチェンジ！

すると、どうだろう。

今まで見えなかった「いいこと」に気づけるようになったし、うまく進まない仕事も、「ぶつかり合ったからこそ、絶対いいものになる！」と前向きに捉えられるようになった。

昔だったら失敗だと思っていたことが、実は失敗なんかじゃない、「今日あったいいこと」の一つとしてカウントできるようになった。

僕はさらに、その書き溜めたメモ帳を、時間があるときに見直してみる。

日々のよかったことで埋めつくされた画面を見ると、なんだってポジティブ変換して考えられる。

毎日が幸せなのだと気づく。

錯覚なのかもしれないけれど、自分自身で作った「いいこと」の積み重ねメモ帳が、自分の背中を押してくれるような感じがした。

「言葉の減塩生活」を心がける

言葉には大きな力があると思っている。

言葉って、長い歳月をかけて脈々と受け継がれてきたもの。その過程でいろんな言葉が淘汰《とうた》されてなくなっている。

だからこそ、今残っている言葉には、それなりの理由や力があるんだと思う。

「言霊《ことだま》」というように、昔から言葉には不思議な力が宿っていると言われていて、「いい言葉」と「悪い言葉」があるとするなら、「いい言葉」には人を元気づけたり、勇気づけたり、癒やしてくれる効果があるような気がしている。

一方、「悪い言葉」には、一発で相手を打ちのめして立てなくしてしまうほどの破壊力がある。

しかも、相手だけではなく、その言葉を一番そばで聞いている自分の心にもダメージを残してしまう。

だから、僕は意識的に**「言葉の減塩生活」**を心がけている。

塩って、人間にとって必要不可欠なもの。だけど、摂りすぎると身体にとって毒にもなってしまう。

今の世の中はネガティブな言葉に溢れているし、ちょっとそっちの方がかっこよく感じてしまうこともあるかもしれない。

10個のいい言葉よりも、一つのネガティブな言葉の方が簡単に広がってしまうように。

そんなネガティブな言葉は、塩気が多く、化学調味料が入ったジャンクフードみたいなものだと思っている。

いい言葉を使っていると、最初はなんとなく味気ない感じがするかもしれない。減塩生活を始めたばかりの頃がそうなるように。

最初のうちは、インパクトの強いジャンクな味に惹かれる。

でも、続けるうちにそれが「習慣」になっていく。

次第に、塩気の多いものや化学調味料がたくさん入った刺激的な味は、身体が拒否をして受け付けなくなる。言葉も同じ。

僕は日常会話はもちろん、SNSの投稿なんかも気をつけるようにしている。

「僕は、この言葉を使うことで誰かを傷つけたりはしないかな？　読んでくれた人が喜んでくれるかな？」って、何回も読み返してから投稿するようにしている。

いい言葉を使い続けていると、不思議とネガティブな発想が消えていく。

ネガティブからポジティブな発想に切り替わるって、グーグルの予測変換やユーチューブのオススメ動画みたいなものなんじゃないかな。

例えば、ポジティブな人は、検索窓に「あ」と入れたら「ありがとう」「愛している」みたいなポジティブな言葉が出てくるし、ユーチューブのオススメ動画には、きっと幸せな映像が表示されるんだと思う。

最初のうちは強制的に習慣づけたらいいと思う。

きっとすぐに慣れて、ヘルシーな毎日を過ごせるようになるから。

ポジティブ大喜利でいい言葉を使う

「いい言葉」を意識的に使うためには、「言葉のポジティブ変換」がおすすめ。ちょっとしたコツをつかむと、楽しんでできると思う。

例えば、

わがままな人だなぁ　↓　我が道を行く人だね！

大人しいね　↓　奥ゆかしいね

気が強い人だね　↓　芯がある人だね

とか。言い方一つで、短所も「長所」になる。

毎日の家事でも「面倒くさい」とか「ダルい」なんて言葉を使うと、日々を楽しめなくなる。

だから、「いいエクササイズになる！」「家事を早く終えられたら、読みたかった本を読もう！」なんて、見方を変えてみる。

最初は、なかなか思うようにいかないかもしれないけれど、ポジティブ大喜利で楽しむようにするといいと思う。

メールやLINEが来たら、即既読！

「**本当に欲しいものは、手のひらにのる分しかもらえない**」って聞いたことがある。

あれも欲しい、これも欲しいってやっていると、本当に大切なものって逃げていっちゃう気がする。

だから僕は、「欲張らない生活」を心がけている。

欲しいもの、やりたいことはたくさんあるけど、その中で自分に本当に必要なものだけ、2~3個決める。
これは欲張りすぎかなって思ったら、欲のかたまりを潔く心のゴミ箱に入れるようにする。

その代わりに、本当に大切にしたいものについては、何よりも大切に扱う。
もちろん、好きなことはとことん突き抜ける!

毎日使うスマホの扱い方なんかも、そうやって考える。
スマホは便利な一方で、知りたくない情報が勝手に流れてくることもある。
そういうときは、思いきってスマホのアプリを一掃すると心がスッキリする。
例えば、僕がしていることはこんな感じ。

スマホを買い換えたら、データの引き継ぎはせず、必要なアプリだけダウンロードする。

アプリの通知は、本当に必要なものだけにする。

ホーム画面はキレイに整頓する。

必要のないメールマガジンは、届かない設定にしておく。

メールやＬＩＮＥが来たら、即既読！

溜まっているメールやＬＩＮＥの未読マークをそのままにしておくって、多かれ少なかれ、思いを込めて送られてきた連絡を放置するってことだと思う。

だから、返信や削除をして、ちゃんとその気持ちに応える。

そうやって整理すると本当に自分に必要なものが見えてくるし、空いたスペースに、必要なものだけが入るようになる。

余計なアプリがたくさん開いていると、バッテリーの減りも早いし、スマホが固まってしまうこともある。

スマホも人の心も、同じなんじゃないかな。

欲張りに詰め込みすぎないで、必要のないものは手放す。

そうすると日々の思考がスッキリして、清々しい気持ちで過ごせると思う。

スマホのヒビ見て我がふり直す

僕は、生活のちょっとしたことにも心を配るようにしている。


例えば、スマホ画面のヒビ。

毎日何度も覗き込むスマホにヒビが入っていると、見るたびにちょっと「イヤだな」という気持ちになる。

手が切れないかな、あ、またヒビが大きくなったなって。

必要な情報よりも、そっちの方に気がいってしまう。


だから僕は、ヒビが入ったら、すぐに直すように心がけている。

忙しかったり、費用がかかったりすると、ついつい後回しになってしまいがちだけれど、そのまま放置していると、いつの間にか本体にまで亀裂が入ってしまうかもしれない。

そのうちに、修理自体、不可能になってしまうかもしれない。


だから、ヒビが入ったらすぐに、思い切って修理に出す。

そうしてキレイに直せば、次こそは、ヒビが入らないように大切に扱おう、という気持ちにもなる。

これって、自分の心や人付き合いでも同じなんじゃないかな、と思う。

ちょっとした違和感を抱いたり、誰かとの間に小さなすれ違いがあったりしたときに、気づかないふりをする。

ちょっとイヤだなって、心では感じながらも。

そうして小さなノイズを無視していると、やがて取り返しのつかない亀裂になってしまうかもしれない。


今、スマホのヒビがそのままになっている人は、もしかしたら忙しい日々に追われて、自分の心が疲れているのかもしれない。

人間関係も雑に、おざなりになってしまっているかもしれない。


そんなときは、**スマホのヒビ見て我がふり直す**。

僕は面倒くさがらず、気になるノイズがあれば、すぐに取り除くように心がけている。

スマホのヒビや、ガラスや鏡の曇り。そういう小さな生活のノイズを取り除いて、丁寧な毎日を心がけること。

その一つ一つの積み重ねが、仕事や恋愛、人間関係や生き方にもつながってくると思っている。

第2章

心を整えたいときは、神社に行く

SHRINE

とことんハマる

昔から、好きなことをとことん追求する方だった。


最初にハマったのは、小学校の休み時間に遊ぶ一輪車。

誰よりも早く一輪車を乗りこなしたくて、ずっと練習してた。しまいには休み時間を過ぎても練習していて、学校の先生に叱られた。

とにかくやると決めたら、目の前のものに夢中になる性格だった。


次は、意外かもしれないけれど、中学受験のための受験勉強。

これは、親の影響もあって無我夢中でやっていた。勉強は親が唯一、褒めてくれることだったから。それが嬉しくて必死になった。

知識を蓄える面白さというよりも、ちょっとしたゲーム感覚だったと思う。

その後、受験をして志望校に合格した。僕にとって初めての成功体験だった。

音楽に出会ったのは、17歳の頃。

「DJ、やってみない？」

僕にHIP‐HOPの存在を教えてくれたのは、大学入学資格検定（大検現・高等学校卒業程度認定試験）を取るために通っていた学校の友人。

高校を中退して何者でもなくなった僕は、「DJ」という肩書が欲しくて、誘いにすぐに飛びついた。

必死にバイトして貯めたお金でターンテーブルを買って、レコードも2000枚くらいは揃えた。どんどんのめり込んでいった。

そして、レゲエと出会った。

今思えば、このレゲエとの出会いが僕の人生を変えた。

20歳の頃には、レゲエの聖地であるジャマイカまで行った。

遠い異国の地での長期滞在は、カルチャーショックの連続。正直、ホームシックにもなった。

ただ、レゲエが持つ、とてつもないパワーのようなものを感じた。

弱い者が強い者に立ち向かうために、何度倒れても立ち上がる勇気を持つこと。そんな強いメッセージ力に惹かれるようになった。


こんな感じで、**僕の人生は「とにかく何かにハマること」で前に進んできた。**

つねに目の前のことに一生懸命になって、もがきながら頑張ってきた。

湘南乃風を始めとした音楽活動もそう。

みんなに喜んでもらえるものを作りたいっていう、ただそのことに毎日必死になっている。

神社を探求する

神社にハマったのは、急に「歩くパワースポット」と呼ばれるようになって、手探り状態だったとき。

何をしたらいいかわからないけど、とりあえず「形から入ってみよう」。単純なきっかけだった。そう、初めは形からだった。

まずは家に神棚を祀《まつ》り、時間を見つけては近所の神社に行くようになった。ライブツアー先でも、その土地の神社を調べてはスタッフを誘って参拝し、気になる神社があれば、数時間かかるような場所でも、一人車を飛ばして訪ねに行った。

正直、途中からはシンプルに神社の魅力にハマっていただけだけど、そうした毎日を過ごすうちに不思議と心が整い、悩みも減り、日々の行動や心がけも変わっていった。

知りたくなると、とことん追求してしまう性格は、昔から変わらない。

子供の頃も、レゲエと出会ったときも、音楽との関わり方も、ずーっとそうだ。

ちょっと知るだけじゃわからない。体験して勉強して、足したり引いたりして、自分の中に自分なりに落とし込んでいくことに意味があると思っている。

今さら思う、ハマりやすい性格でよかった（笑）。

悠久の時に触れて心を整える

僕は子供の頃から自信があるタイプではなかった。

そのうえ、自分に妥協することもできなくて、不安やストレスとどう付き合っていいかわからなかった。

そんなとき、**神社に行くと頭がスッキリした。**

何百年と変わらずに、そこにある神社。

神社って、木も土も建物も、それこそ作法にしても、自分よりはるかに長く存在するものばかり。

そんな場所にいると、人生80年なんて、一瞬だなって。

普通に生きていたら、何百年も前のこと、あるいは何百年も先のことを想像する機会なんて、そうそうない。

でも、そんな悠久の時に触れてみると、小さいことばかりを気にするべきじゃないなとか、次の世代や未来のために自分は今何を歌おうかとか、何を伝えたらいいのかって、自然とそういう考え方になってきた。

ここ一年で50社以上の神社に足を運び、お参りをした。

こんなに手を合わせて過ごす未来を、いつも世の中を俯瞰《ふかん》して見ていたあの頃の自分は、想像もできなかっただろう。

感謝をする習慣をつける

感謝をすることとは、当たり前にできそうでそんなに簡単じゃない。

それが大切なことと頭ではわかっていても、忙しい日々の中、気づくと忘れてしまったりする。

だけど、神社に行くようになってから、自然と感謝をする習慣がついてきた。

最初のうちは僕も、毎回神様にお願い事をしていた。

けれど、いろいろな神社にお参りするたびに、いつもお願い事ばかりしている自分が欲張りに思えてきた。

そこで、あるときを境に「感謝」を伝えるようになった。

感謝を伝えに神社に行くたびに、それが当たり前になり、そんな自分が心地よくなった。

一回書いただけじゃ、どんどん風化して消えてしまう「感謝」っていう文字も、何度も何度もその上をなぞっていくと、文字がどんどん太く、簡単には消えない字になっていく。そんな感じ。

毎朝、神棚の前で感謝から一日を始めることや、神社に行くことで、いつの間にか僕の心のど真ん中に「感謝」という字が太く大きく、刻まれていった。

同じ場所を、消えないように何度もなぞる。

それが当たり前になってくると、当たり前に感謝できるようになる。

神社は日本人の「知恵」と「感謝」の結晶

昔から神社の役目って、自分と向き合って、大事なことをもう一回思い出したり、確認したりする、大切な場所なのかなと思う。

そんな神社を好きになるうちに、日本も好きになった。

宗教とか国家とか、そういうことはよくわからないけれど、ここがとても気持ちのいい場所だということは感じる。

空気が澄んでいて、無駄がなくて、清潔。**神社は昔の人たちの発明品**だ。

心を整えるために長い年月をかけて蓄積された、人間の知恵の結晶。

僕が好きなのはそういう部分。**神社には、日本人の「知恵」と「感謝」が詰まっている。**

だから僕も、神社という場所に行くと、自然に感謝の気持ちが湧いてくる。


感謝のない生活なんて虚《むな》しいと思う。だって感謝は、自分が誰かと関わり、生きている証《あかし》だから。

自分のことを必要としてくれる存在がいるって、どれだけありがたいことか。

だからこそ僕も、誰かを必要としたい。

そうやって手を取り合って、この不確かな世界を歩いていく。

そう考えると、一緒に歩いてくれるみんなに向けても、毎日手を合わせたいくらいなんだ。


神社を好きになって、日本人である自分のことも誇りに思えるようになった。

この国がもっと好きになった。

そうしたら、少しずつ、自分のことも好きになってきた。

神様からのお願い

神社に行って手を合わせて祈る。

それは、太古の昔から日本人が行ってきた慣習だ。

僕も神社に行き始めた頃は、その神社のご利益を調べては「○○しますように」「○○できますように」って手を合わせて、普通にお願い事をしていた。

神社ってそういうところだと思っていたし、それが当たり前の感覚だった。

でも、さっきも書いた通り、あるときからそんなお願い事ばかりしている自分に違和感を覚えるようになった。なんか違うよなって思いを抱くようになった。

いくつもの神社に足を運ぶうちに、僕は気がついた。

神社は、参拝する人々のためにいつも門を開き、社殿や、ときには樹齢何百年もの木を保護し、その落ち葉を掃除し、境内をつねに清潔にしてくれている。

そんな一つ一つのことが、ありがたいなって。

ここに来られたこと、神様にお会いできることがありがたい。

ひいては、ご飯を食べられること、仕事ができること、健康であること、**今、目の前にあるすべてのことに感謝**するようになった。

いつの間にか「〇〇しますように」といった、お願い事をする感覚が消えていった。

最近は、神社で手を合わせるときには「今日ここに来られたことを感謝します。ありがとうございます」って伝えている。

もちろん、お願い事をするなってことが言いたいわけじゃない。頻繁に神社に行けない人は、それこそしっかりお願い事をした方がいい。僕だって、ここぞというときはお願いしてる（笑）。

ただそのときに、できたら感謝も添えられたらなと思う。その方が、自分自身の今が幸せなんだと感じられるようになると思うんだ。

あと最近思うのは、もしかしたら神様の方からも、僕らにお願い事があるかもしれないってこと。

だから、僕が幸せにしてもらってるかわりに、「僕からも何かお手伝いできることはありませんか」って最後に付け加えるようにしている。

参拝する神社の選び方

「参拝する神社はどうやって選べばいいんですか？」とよく聞かれる。

僕がいつも答えるのは「**まずは家の近くの神社。あとはフィーリング（笑）**」。

僕も家の近所の神社には、子供を学校に送った帰りによく寄っていく。


行きたい神社はたくさんあって、スマホのメモ帳にストックしている。

自分で調べたものはもちろん、ツイッターで教えてもらったり、取材のときに神社に詳しいカメラマンさんに「あの神社よかったですよー」と教えてもらったりしてね。


メモ帳に溜めた「行きたい神社リスト」を、ゆっくりだけど一つひとつ達成していくのが楽しい。

神社って、どこの街を歩いていてもたくさんある。

ツアーや仕事で地方に行くことが決まったら、「どんな神社があるのかな」って、仕事のことより先に神社を調べてしまうくらい（笑）。

だから、もし街を歩いていて気になる神社があったら、気軽に立ち寄ってもらいたい。

そこで手を合わせるだけで、すごくいい気持ちになるから。

「ちょっとカフェに寄る？」みたいな感覚で、神社にみんなが行ってくれる日が来たらいいなって思う。

神社に参拝する前に僕が必ずやること

神社に行くときは必ず、その神社について調べてから行くようにしている。

例えば、「この神社のご祭神は○○で、○○神社の分社なんだ」とか。

そうすると、行ったときにすごく楽しめる。予習というよりは、楽しめるように。

僕はとことんハマってしまうタイプだから、取材で訪れた神社で宮司さんと話していると、「私より詳しいですね」なんて言われることも。

もちろん、そこまでする必要はないけれど、今はスマホで簡単に検索することができる。

大体の場合、その神社のご利益が、そこに祀られている神様のエピソードにまつわるものだったりするから、すごく面白い。

ほんのひと手間かけるだけで、同じ時間もより楽しい時間になると思う。

お賽銭は感謝の気持ちで

「お賽銭《さいせん》はいくら入れたらいいですか？」
「お賽銭をたくさん入れたら願いが叶いますか？」

これもよく聞かれる質問。
大切なお金を納めるんだから、できたら金額分は願いが叶ってほしい、ご利益があってほしい、そんな気持ちになるのもよくわかる。

でも、**お賽銭は自分のお願い事を叶えるための代金ではなく、感謝の気持ちを表すためのもの。**

僕は神社によって救われてきたから、恩返しをしたいなって気持ち。
気合が入ったときはお札を入れることもあるし、しょっちゅう行く近所の氏神様には手を合わせるだけの日もある。

きっちり金額は決めないで、もっと気楽に考えている。

自分の気持ちを落ち着かせ、心を整え、手を合わせられることに感謝する。そんなことができる場所があるだけで、ご利益は十分にいただけているんじゃないかな。

「五円」を笑う者は「ご縁」に泣く

お賽銭といえば、金運アップの方法を最近よく聞かれるんだけど、僕だってそんな方法があるなら教えてほしいって思っている（笑）。

ただ、**お金を粗末に扱わないための、僕なりの心がけ**があるので、それについて書いてみたい。

●お財布はスペースに余裕のある長財布が基本

お札を折るって行為があまり好きじゃない僕のお財布は、基本「長財布」。お財布の中にもノイズはなるべく入れないように心がけている。神経質なのかもしれないけど、お金をべたべた触るのが苦手だってこともある。

●思い入れのあるお財布を使う

近所への外出など、バッグを持ち歩きたくないときには、小さめのお財布や小銭入れを使うこともある。

いくつかのお財布を使い分けているんだけど、お気に入りのブランドのものや、プレゼントでいただいたもの、どれも思い入れのあるものばかりだ。

洋服はファストファッションでもいいけれど、お財布だけはできるだけ思い入れのあるブランドで、キレイなものを持つようにしている。

お財布を大切にすることは、「お金を大切にする」ということにつながると思うんだ。

●くたびれたお財布は使わない

クタクタになったお財布は、その役割が終わったと思って潔く処分する。期間でいえば、1〜2年。もちろん、今までの感謝を添えて。

お財布が擦り切れてくたびれていると、無意識だろうけど、扱いも粗末になっちゃう気がしている。

●小銭やレシートを溜めない

お財布も家と同じで、片づいていない状態をなるべくなくすことを心がけている。

例えば、レシートは帰宅したらすぐにお財布から出す。買い物するときは、お釣りができるだけ出ないように支払う。

できれば、お札の向きも揃っていると気持ちがいい。

きちんと整理して、少しスペースに余裕がある方が、お金って入ってくるような気がしている。

●ポイントカードはやみくもに作らない

ポイントカードを集めている人も多いと思うんだけど、僕の場合は最低限、必要なものを数枚作るだけで、あとは断ることの方が多い。

ポイントカードでお財布がどんどん圧迫されて、スペースがなくなってしまうと、お金を呼び込まないような気がするから。

もし、節約術などでポイントカードを集めたいのなら、カードケースを別に作ってキレイに整頓する。お財布がスッキリすると、清々《すがすが》しい気持ちになる。

お財布は、自分が汗水流して働いた頑張りの対価。だから、大切に扱う。

お財布を粗末に扱うと、お金に縁遠くなる気がしている。

一円を笑う者は一円に泣く、とも言われている。

僕なりに言えば、**「五円」を笑う者は「ご縁」に泣く。**

つねにお金に敬意を払うように心がけていたら、素敵なご縁に出会えるんじゃないかな。

お守りは記念グッズ的に楽しむ

神社を人に勧めるときに「神社って美術館みたいなものだよ」って表現するこ

とがある。

歴史ある素晴らしい建造物があって、すごく空気がよくて気持ちいい。この空間を無償で体験させてもらえるって本当にありがたい。

神社でも美術館でも、同じようなことを思うから。


お守りをいただくときも、僕は美術館の最後にある記念グッズ的に、楽しみながら選んでいる。


美術館の記念グッズを選ぶときって、絵を見ているとき以上にワクワクしちゃうことがある（笑）。お守り選びも、そのテンションに近い。

もちろん、お守りは神聖なものだし、大切に扱わなくちゃいけないってことが大前提での話だけど。

お守りはご利益も大事だけれど、柄やデザインが美しかったり、その土地にまつわる石や木で作られていたりすると、すごくテンションが上がる。

神社を訪れるたびに毎回いただくわけじゃないけれど、直感で気になったものはいただくようにしている。

たまにポーチに入れているお守りを机に並べて、「この神社よかったなー」なんて思い出しながら楽しんでいる。

神社のポジティブ大喜利

何社もの神社に足を運ぶうちに、あることに気がついた。
それは、**神社こそ「ポジティブ大喜利」ができている場所**だってこと。
例えば、何かの形に似ている石や、たまたまできた自然の景色。
普通の場所にあったら、ただの石や景色として見過ごしてしまうものに名前をつけ、意味を持たせている。

亀の形に似ているから「亀の石」と名づけて愛着を感じたり、八という字は末広がりだから「縁起がいい」と信じられていたり。

偶然の出会いにそれぞれ意味づけをして、大切にしている。


何百年もの間、人々が守ってきた神社に行くと、そんな考え方のものにいっぱい出会える。

その考え方がまさしく、ポジティブ変換だと思った。

楽しんだもの勝ち

昔は楽しいとか、辛いとか、そんな気分に左右されずに、とにかく目標に向かってストイックにガムシャラだったけど、最近は**「楽しんだもの勝ち」**という言葉もいいなと思う。

どんなことも、ポジティブに楽しくできるように捉えて、工夫して、仲間を巻き込んで、目一杯やる。

好きこそものの上手なれ。

楽しむことこそものの上手なれ。なんてね。

10年前にゲッターズ飯田さんから「歩くパワースポット」と言っていただいて。それを僕自身、大事な言葉のお守りにして、神社に行くことを楽しんだりして、自分なりの意味合いをつけてきたからこそ、今があると思っている。

湘南乃風のメンバーに出会ったときも同じ。

この仲間といると「楽しい」「何かを成し遂げられるかもしれない！」なんて、根拠もないのに自分らで勝手に信じて意味づけしながら、前に進んできた。

なんでもない、ゴツゴツした4つのただの石に「湘南乃風」って名前をつけて。

これって、勝手な自分の思い込みや意味づけでしかないかもしれないんだけど、でもね、みんなもやってごらんって思う。

自分の人生のタイトルは自分でつけちゃっていい。

楽しもう！

僕の待ち受けにしても、なんの確証もないことかもしれないけれど、「運気アップする！」とポジティブに信じて、ゲン担ぎに使ってもらえたら嬉しい。

最初は思い込みでいい。

それぞれに意味を見つけて、信じて、前向きに捉える。そんなことが大切だと思う。

SHOCK EYE お気に入り 授与品

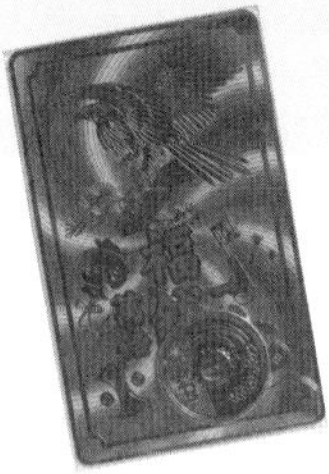

浅草鷲《あさくさおおとり》神社

酉《とり》の市で有名な浅草鷲神社の、五円玉が入った福銭お守り。お財布に入れていつも持ち歩いている。

住所：東京都台東区千束3-18-7
http://otorisama.or.jp/

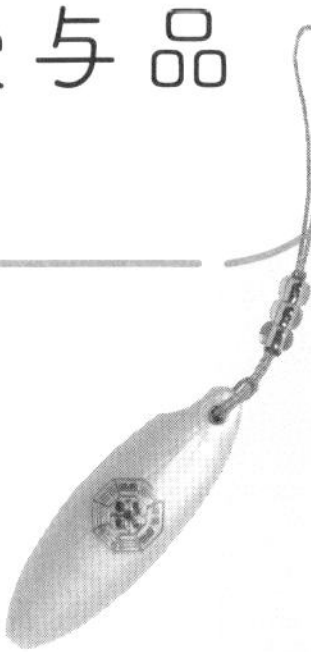

寒川《さむかわ》神社

お米の形をした「八方除心願守《はっぽうよけしんがんまもり》」は、大開運日と言われる「一粒万倍日」にちなんだお守り。願をかけた後、蓋を閉じて持ち歩く。

住所：神奈川県高座郡寒川町宮山3916
http://samukawajinjya.jp/

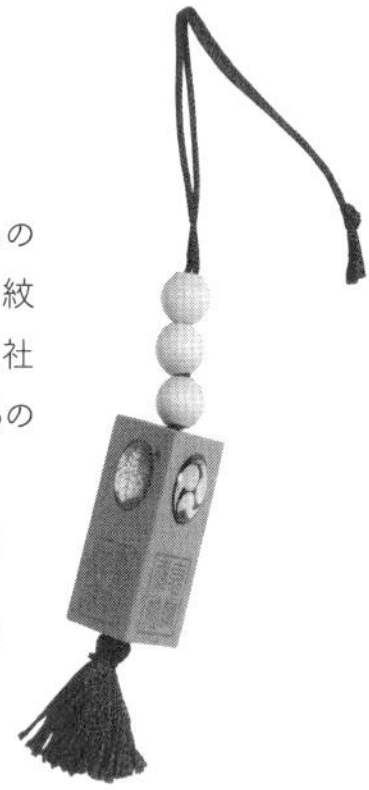

東国三社《とうごくさんしゃ》

『鹿島《かしま》神宮』『香取《かとり》神宮』『息栖《いきす》神社』の東国三社それぞれで授与している「神紋シール」を貼ることで完成する「東国三社守」。各社を巡りながら自分で完成させるのも、楽しみの一つ。

鹿島神宮　住所：茨城県鹿嶋市宮中2306-1
息栖神社　住所：茨城県神栖市息栖2882
香取神宮　住所：千葉県香取市香取1697-1

愛宕《あたご》神社

「出世の石段」で有名な愛宕神社で、宮司さんから直接いただいたもの。「どうぞ」と手渡ししてくれたのが嬉しかった。

住所：東京都港区愛宕1-5-3
http://www.atago-jinja.com/

たくさんあるお守りは、いくつかのポーチに入れて大切にしている。この日は、プラダのポーチに入れて。

● 穴八幡宮《あなはちまんぐう》 ●

毎年、冬至から節分の間だけ金銀融通《きんぎんゆうずう》の「一陽来復《いちようらいふく》御守」が受けられる。

住所：東京都新宿区西早稲田2-1-11

● 明治神宮《めいじじんぐう》 ●

明治神宮の御神木から作られている開運木鈴《もくりん》「こだま」。一つひとつ違う木目と音色から、木の命と歴史を感じる。

住所：東京都渋谷区代々木神園町1-1
http://www.meijijingu.or.jp/

● 三峯《みつみね》神社 ●

一度いただいたら一生守ってもらえる「一代御守」。イザナギ、イザナミ、二人の神様が祀られている三峯神社は、僕にとってとてもテンションの上がる場所。

住所：埼玉県秩父市三峰298-1
http://www.mitsuminejinja.or.jp/

● 出雲型勾玉《いずもがたまがたま》 ●

東京で見かけて綺麗な石だなと思い、どうしても欲しくて出雲まで行った。歓迎してくれた館長さんと、勾玉づくりを体験させてくれた職人さんに感謝。貴重な出雲石で作られた勾玉は僕のお守り。

いずもまがたまの里伝承館
住所：島根県松江市玉湯町湯町1755-1
https://www.magatama-sato.com/

● 御朱印帳 ●

神社・仏閣を訪れたときに、参拝のしるしとしていただく御朱印。帳面に増えていくのを見るのが楽しい。

SHRINE

SHOCK EYE おすすめ神社

心を整えたいとき、不安や悩み、ストレスを抱えたとき。
神社に行くと、とてもスッキリする。
神社は僕にとって欠かせない、大切な場所。
ここでは何度も足を運んでいる場所や、仕事で訪れた先で
見つけた場所など、僕のお気に入りの神社を紹介。

※詳しい情報はホームページにてご確認ください。

三重県

伊勢神宮《いせじんぐう》（内宮《ないくう》 外宮《げくう》）

僕を神社好きの道に導いた伊勢神宮は、とにかくスケールが段違い。20年に一度遷宮する社殿群のつねにフレッシュなヒノキの香りと、何百年も生きてきた木々との調和が素晴らしい。おそらく遥か昔と何一つ変わらない景観を見られる贅沢さとありがたさに、心を打たれる。神社の頂点にふさわしい唯一無二の場所。

住所：皇大神宮(内宮) 三重県伊勢市宇治館町1
豊受大神宮(外宮) 三重県伊勢市豊川町279
https://www.isejingu.or.jp/

三重県

月讀宮《つきよみのみや》

伊勢を訪れたら、月讀宮にもぜひ足を運んでほしい。天照大御神の父母、弟が祀られている、とても由緒ある神社。外宮・内宮の参拝帰りに乗ったタクシーの運転手さんに勧められて、再訪した際に行ったのだけど、静かで凜としていて、素晴らしい場所だった。神明造《しんめいづくり》の別宮が4つ並んだ、珍しい様式が見られるよ。

住所：三重県伊勢市中村町742-1
https://www.isejingu.or.jp/

東京都 ●縁結び●家内安全●商売繁盛●合格祈願●

明治神宮《めいじじんぐう》

ここ数年、必ず初詣に訪れる都内最大級の神社。明治天皇と皇后の昭憲皇太后が祀られている明治神宮は、2020年鎮座100年。年号も令和になったりと、おめでたいこと続きのためか、とても温かく、エネルギーに満ち溢れた雰囲気を感じる。

住所：東京都渋谷区代々木神園町1-1
http://www.meijijingu.or.jp/

東京都 ●運気上昇●

清正井《きよまさのいど》（明治神宮内）

パワースポットとして有名な明治神宮の清正井。都会では珍しい湧水の井戸で、水に触れるとやわらかい感じがする。明治神宮まで原宿駅から徒歩ですぐ。都会の喧騒を離れ、70万平方メートルもの広大な森に癒やされに行ってみてはどう？

住所：東京都渋谷区代々木神園町1-1
http://www.meijijingu.or.jp/

東京都 ●厄除●縁結び●商売繁盛●合格祈願●

根《ね》津《づ》神社

東京十社巡りをしていて、とても印象に残った神社の一つ。重要文化財の社殿、塀や門の鮮やかな朱色や装飾が素晴らしい。個人的には境内にある「乙女稲荷神社」の千本鳥居がお気に入り。根津神社は男らしい印象に対して、乙女稲荷は名前の通り女性的な願いにご利益があるそう。ぜひ、対照的な2社を訪ねてみて。

住所:東京都文京区根津1-28-9
http://www.nedujinja.or.jp/

鹿児島県 ●事始め●縁結び●家庭円満●子宝●

霧《きり》島《しま》神《じん》宮《ぐう》

ずっと行きたい神社リスト上位だった霧島神宮。日本神話も勉強している僕、天孫降臨の地は絶対に行きたい場所だったから終始興奮(笑)。しかも神職の方の案内付き！ とにかく荘厳で空気が澄んでた。本殿の後ろにそびえる山のパワーにも圧倒された。普段は入れない税所《さいしょ》神社も参拝させてもらえて、はぁ、幸せでした。

住所:鹿児島県霧島市霧島田口2608-5
https://kirishimajingu.or.jp/

東京都 ●学業成就●合格祈願●

湯《ゆ》島《しま》天《てん》満《まん》宮《ぐう》(湯《ゆ》島《しま》天《てん》神《じん》)

湯島天満宮は、なんというか、すごく知性を感じるところが好き。すごくバランスの取れた佇まい。特に境内を取り囲む立派な外塀と社殿、そして社務所までデザインに統一感があり、すごくおしゃれだなと思う。授与品の鉛筆もシンプルでかっこいい。学問成就、合格祈願の鉄板！受験生や就活生はぜひ行くべし。

住所:東京都文京区湯島3-30-1
http://www.yushimatenjin.or.jp/

東京都 ●縁結び●

今《いま》戸《ど》神社

下町浅草にあるアットホームな神社。立派な社殿もいいけれど、こういう趣もいい。縁結びで有名だから女性から大人気。可愛らしい招き猫が出迎えてくれるよ。仕事で訪ねた際、フレンドリーな女性宮司さんが、境内で育った四つ葉のクローバーをスタッフ全員にくれた。おもてなしの気持ちが嬉しかったな〜。

住所：東京都台東区今戸1-5-22
https://imadojinja1063.crayonsite.net/

東京都 ●出世運上昇●金運上昇●

代《よ》々《よ》木《ぎ》八《はち》幡《まん》宮《ぐう》

業界で密かに"出世の地"と呼ばれている代々木八幡周辺。このエリアの氏神がここ、代々木八幡宮。氣がいいからか近くに住んでいる友人も多く、隠れ代々木八幡宮ファンが結構いる。ここのお祭りはとにかく賑わう。新旧織り交ぜた出店がたくさんあるから、すごく楽しめるよ。

住所：東京都渋谷区代々木5-1-1
http://www.yoyogihachimangu.or.jp/

東京都 ●強運厄除●金運上昇●

小《こ》網《あみ》神社

数年前から近くを通るときは必ず立ち寄るようにしている小網神社。都会のど真ん中に突如現れる小さなお社は、多くの強運な逸話を持つことから、近年大人気の場所。ひっきりなしに参拝客が訪れる。境内にある「東京銭洗い弁天」で小銭を洗い、清めてから財布にしまうと金運アップするみたいです。

住所：東京都中央区日本橋小網町16-23
https://www.koamijinja.or.jp/

神奈川県 ●縁結び●安産●開運厄除●

箱《はこ》根《ね》神社

木々に囲まれた参道、90段の階段の先に姿を現す箱根神社。「関東総鎮守」の呼び名にふさわしい1260年の歴史が醸し出す説得力。樹齢800年を優に超える安産杉も、息を呑み、時の感覚がなくなるくらい迫力があった。芦ノ湖に面した平和の鳥居は、写真映えする。次の機会には「九頭《くず》龍《りゅう》神社本宮」も訪れたい。

住所:神奈川県足柄下郡箱根町元箱根80-1
http://hakonejinja.or.jp/

東京都 ●開運招福●殖産●商売繁盛●

浅《あさ》草《くさ》鷲《おおとり》神社

酉の市で有名な鷲神社で熊手を買うようになったのは2018年から。その活気と熊手のかっこよさ(可愛さ)に、一気に鷲神社のファンになった。お店によってデザインが違うから、どれにしようかかなり迷うけど、フィーリングの合う熊手に出会えると本当に嬉しい。その雰囲気をぜひ、みんなにも味わってほしいな。

住所:東京都台東区千束3-18-7
http://otorisama.or.jp/

神奈川県 ●八方除●方位除●

寒《さむ》川《かわ》神社

日本唯一の八方除の神社。神奈川出身だから、いつか行きたいなと思っていた。神社の中でもトップクラスの大きな狛犬に出迎えられて、足を踏み入れた先には、これまた大きな門と立派な本殿! スケールの大きさに圧倒され、多くの人々に愛されているんだなあ、と感動。グッと力強く背中を押された気がした。

住所:神奈川県高座郡寒川町宮山3916
http://samukawajinjya.jp/

神奈川県 •縁結び•仕事運上昇•厄除•

大山《おおやま》阿夫利《あふり》神社

ある日思いたち、一人車を飛ばして向かった神社。予想外に長い参道と階段に足がパンパンになったけれど、ケーブルカーでのぼった先の境内に入ると、疲れなんて一気に吹き飛ぶ。美しい景観と雰囲気。行ってよかった。「大山詣り」は日本遺産にもなっている。次回は登山靴を履いて、山頂の本社にも行きたい。

住所:神奈川県伊勢原市大山355
http://www.afuri.or.jp/

日本全国

それぞれの氏神神社

最後におすすめしたいのは、住んでいる地域の氏神神社。やっぱり、普段一番近くで僕たちを身守ってくれているのは氏神様だと思うから、ぜひとも訪れてほしい。
自分の地域の氏神神社は神社庁に問い合わせるか、ウェブでも検索できる。ぜひ調べて行ってみてね!

日本全国

ライブ会場

僕にとっては、神社と同じくらい大事。
日々、感謝を伝えたい大切な場所。

http://www.134r.com

第3章

目の前のことに夢中になれば、大きな夢につながっていく

DREAM

まだまだ夢の途中

この一年、より多くの人の声に耳を傾けたいと、インスタグラムのストーリーズでたくさんの相談に答えてきた。

みんなそれぞれ真剣に悩みをぶつけてくれて、僕を頼りにしてくれることは、本当にありがたい。

その中でもよく相談にあるのは、**「夢ってどうすれば叶うんですか？」**という質問。

音楽を仕事にしている僕は、一般的には「夢を叶えた人」として映っているのかもしれない。

でも、まだまだ今の自分に満足できていないし、チャレンジしたいこともたくさんある。「夢を叶える」具体的な方法を一言で伝えるなんてできないし、僕自身、夢に向かって発展途上にいる。

ただ、僕が今まで経験した中で、大きな夢につながっていくための、ちょっとした心がけなら伝えられるかもしれないと思った。

やりたいことをシンプルに考える

「天職」は、どうやったら見つけられますか？

よく聞かれるんだけど、僕は**損とか得とかを考えないで、まずは目の前のことに夢中になれたらいい**んじゃないかって思う。

例えば、野球選手になりたいと夢に向かって頑張っている人。

実際にプロ野球選手になれる人は、ほんの一握りしかいない。

そう考えて、成功するのか失敗するのかを天秤にかけてしまったら、スタートラインにさえ立てなくなってしまう。

それより、ただ野球をするのが好きだからとやる方がいいと思う。

ひたすらに目の前のことを頑張っていたら、自然といろんな景色が見えてきて、選択肢が広がっていくことだってある。

もし、たどり着いた先が一番なりたいプロ野球選手でなかったとしても、夢中になって頑張ることができたその人は、きっとまた違う道でも夢中で頑張れる。

始める前から、成功か失敗かを考えるって、自分のやりたい道を「損得」という尺度で測っているのかなって思う。

どうせ頑張っても野球選手になんかなれないから損だ、とかね。

たとえ野球選手になれなかったとしても、それは失敗なんかじゃない。

「野球選手にはなれなかったけど、成功だった」にできるかは結局、自分自身の考え方次第だと思っている。

どうせやってもできないから無駄だとか考えないで、もっとシンプルに身を委ねてみたらいいんじゃないかな。自分が夢中になってできる「やりたいこと」に。

僕もそうだったから。

メジャーデビューの夢

24歳の頃、僕はレゲエに情熱をそそぎ、ソロでの活動をしていた。

この頃からHAN-KUN（以下、ハンクン）、レッド、若旦那と一緒のイベントに出ることが多くなっていった。

このときの出会いが、夢に近づく大きな一歩になるなんて、当時は思いもしなかった。

当時は4人ともソロで活動していたんだけど、あるとき、若旦那が「コンピレーションテープを一緒に出そう」と言ってきた。

そのときに作ったテープのタイトルが『湘南の風』。中に入っている音楽はもちろん、デザインもテープ作りも、すべて自分たちで作り上げた。

営業やレコード店に卸す作業にも必死になって、地方の知り合いに電話しまくってツアーも組んだ。みんなでオンボロのワンボックスカーを買って、全国各地を回り、ライブで必死にパフォーマンスした。

コンピレーションテープは最初作った2000本があっという間になくなった。最終的に、なんと累計2万本も売り上げていた。

そんな僕たちの活動は、音楽事務所の方の目にもとまることになったわけだけど、あのとき夢中になってテープを作っていなかったら、たくさんの人に届くことを信じて営業しなかったら、頑張ってツアーをやらなかったら……今の僕たちはなかったのかもしれない。

とにかく僕たち4人は目の前のことに必死だった。
デビューするためだけではなく、かっこいい音楽を作ること、そして目の前の人たちに喜んでもらうことに。
同じ目的に向かって、一緒に熱くなれるメンバーといるのが最高に楽しかった。

そして、26歳。毎日、必死になった先に、ようやくメジャーデビューというスタートラインが見えた。

あのとき、一生懸命やっていたから今がある。
その体験があったから、今、必死にやっていることが、どんな形であっても必ず将来につながっていくと信じられている。

僕にできるのは、飛び込む姿を見せること。

夢を叶える近道なんてわからないから、**今できることに向かって、かっこ悪くたって、恐れず飛び込んでみたらいい。**そして、一心不乱にやってみたらいい。

夢は叶うものじゃない。叶えるためにあるんだ。

夢につながる小さな習慣

夢は叶うのか？　答えは誰にもわからない。

みんな失敗が怖くて安全な道を行きたがるけれど、それだって安全かどうか、正解なのかどうか誰にもわからない。


どうせなら毎日をポジティブに考えて、突き進んでいこう。

ここで、**僕なりの夢につながっていくための心がけや思い**をまとめてみたいと思う。

① 目の前のことに夢中になる

今、やりたいことがあるのなら、それが将来、得か損かなんて考えないで、とにかく熱くなる。無我夢中になって一生懸命やってみる。たとえそれが夢に届かなくても、必ず何かの形になって、自分の力に変わるから大丈夫。

② 結果を恐れない

一生懸命やったら、結果は恐れない。どんな結果になってもいい、**そこまで頑張ってこられた自分を誇ろう。**

結果が出る前に、どっちに転んだとしても幸せに思える、ワクワクする未来を描いておこう。

③ 期限を決めてやってみる

僕は26歳までにメジャーデビューできなければ、別の道に進もうと思っていた。自分で期限を決めて、それまではトコトン熱くなろうと決めた。

決断を先延ばしにしていると、他の可能性も潰してしまうかもしれない。

逆に、**ゴールを決めると、思った以上の力が発揮できることがある。**

④ 悩みがあるのは悪いことじゃない

悩みのない人生なんてないし、悩めているということは、前に進もうとしている、ということ。

ベタな言い方をすると、**「ピンチはチャンス」**だし、**「不安は成長するための要素」**だと思う。

僕にも、もちろん悩みはたくさんある。

でも、悩みがあることが悪いことだとは思っていない。むしろ、いい作用もたくさんある。

悩みがあるから頭を使って考えるし、知恵もつく。

悩みがあるから自分のダメなところや、サポートしてくれる人の大切さ、心配してくれる人の温かさや優しさに気づくことができる。

悩みを味方につけられたら、こんなに頼もしいことはない。

⑤　不安はリスト化する

誰だって不安はあるけれど、不安に対してぼんやり向き合ってしまうと、さらに不安が広がってしまうことがある。

そんなときは、まずは不安がどこから来るのか、その正体はなんなのかを見つめ直すことをしてみよう。


おすすめの方法は、**不安を一度整理して、ノートやスマホのメモ帳に書き出してみる。**

そのリストを実際に目で見ることで気づけることもあるし、実はたくさんあるように思えた悩みが、一つの方法で複数解決できることもあったりする。

まずは順番をつけて、できることから一つずつ、着実に潰していく。

すべての不安がなくなることはなくても、この作業で解決できることは意外とたくさんある。

一つでも解決できると、自信がついて「どうにかなるさ！」と気持ちがポジティブに切り替えられることもある。

⑥ 一息ついて、自分のお気に入りの場所に行く

目の前のことを一生懸命やっていると、周りが見えなくなることも多い。

そんなときには、ほっと一息つけるところに行ってみよう。

僕にとっては、それが神社だったけれど、みんなそれぞれお気に入りの場所であればいい。**たまにはちょっと休憩して、心をフラットにしよう。**


「夢が見つからない」って人がいるけれど、大きな目標、志の高い目標ばかりが夢ではないと思う。

誰かをサポートするとか、今日一日、目の前のことに夢中になってみる。それだって、ささやかだけど立派な夢。

夢の定義なんてないと思うから、自分が面白いと思うこと、好きなことを夢中でやっていこう。そのうちそれが、大きな夢につながっていくと思うから。

死に様から逆算してみる

「ショクは理想の死に方ってある？」

ずいぶん昔、若旦那と話していて、ふとこんな話になった。

「え？　理想の生き方じゃなくて死に方かよ！」ってびっくりした。


けれど、理想の死に方というか、死に様については決めていることがあった。

「例えば、川で誰かが溺れていたら、迷わず飛び込んで自らの命と引きかえに助ける。そんな死に方がいいな」

その頃の僕はそう答えた。

その表現は少し飛躍しすぎているし、実際その場になったら臆せずに飛び込めるかどうかわからない。

けれど、そういう誰かが困っているときに、体を張って助けられる人間でありたい。そんな気持ちから出た答えだった。

今でも、その日の会話はつねに頭の片隅にあって、覚悟だけは決めておこうって思っている。


死に様について考えていると、理想のお葬式の様子も目に浮かんできた。

そこには、妻や子供、孫もいて、湘南乃風のメンバー3人も参列している。できれば、仲のいい友達や一緒に仕事をしてきたスタッフ、たくさんの人に見送ってもらいたい。

そして、僕の死をきっかけに、僕が残した音楽や思い、メッセージが広まっていってほしい、そう思っている。


理想の死に様を考えて、そこから逆算してみたら、今をどうやって生きていったらいいのかも見えてきた。

自分のお葬式に、家族にいてほしいから、これからもずっと仲よくしていきたいし、メンバーやスタッフ、友人ともいい関係を続けていきたい。

空想していたら、なんだか心が温かくなった。大切にしたい人、僕を大切にしてくれる人の顔が何人も浮かんできた。

それから、僕が今している「歩くパワースポット」の活動、そしてこれから作りたい音楽についても、よりはっきりと形が見えてきた。

自分の理想とする死に様や、かっこいい死に方を考えること。それは、今をどう生きるか？　のヒントになるような気がしている。

あとで知人に聞いたんだけど、ベストセラーになったスティーブン・R・コヴィーの『7つの習慣』にも同じことが書いてあるらしい。

そうか、やっぱり死に様から逆算して考えることは間違いではなかったんだって、確信した。

この本を読んでくれている人は、自分が死ぬときのことなんて考えたこともないかもしれない。

でも、ふっと目を閉じて、肩の力を抜いて、人生を逆算して考えてみるのもいいのかなって。

自分の死に様、そして、どんなお葬式にしたいのか。

不安でいっぱいのときにも、どうやって進んだらいいかわからなくなったときにも、考え方一つで、今やることがクリアになるような気がしている。

数百年先を考える⁉

出雲大社に足を運んだときに、神職の方からこんな話を聞いた。

本殿にある大きな柱や梁《はり》に使われている木材は、伐採してから250年以上経っているもの。まだ樹液が出ているくらい元気に呼吸しているけれど、それでも、いつかは取り替えなければいけないときが来るって。

本殿の柱に使われる木は、樹齢でいうと300〜400年。

そんな巨木がたくさん必要になる遥か先の未来のために今、たくさんの苗木を植えていると。

「数百年先に、立派な社《やしろ》の柱になりますように」

伝統を引き継ぎ、木を絶やさないように、出雲大社の人々は心を込めて木を育てていた。

「え？　数百年？　そんな先の未来を考えて仕事をしているって、すごくないか？」

この話を聞いたとき、僕は感動にも似た驚きを隠せなかった。

自分はもういない未来のための仕事。数百年規模で物事を考えて生きる。

目先のことしか考えることができなかった以前の僕には、ない考え方だった。

ご先祖様に恥ずかしくない生き方をする

実は、僕の家は高取藩の藩主、植村氏の末裔《まつえい》で、ご先祖様は武士。ネットで検索すると「植村氏」のウィキペディアが出てくる。

そのことを知ったとき、興味をそそられて調べていたら、そのページには500年以上前まで遡った、先祖代々の名前が記されていた。

聞いたこともないご先祖たちの名前。僕の名前も「植村氏」のページに載っていて、クリックするとSHOCK EYEのページに飛べるようになっていた。

500年以上前の祖先なんて、気の遠くなるような存在だ。だけど不思議と、ご先祖様には感謝したい気分だった。

ふと、出雲大社で聞いた木の話を思い出した。何百年という、途方もない年月をかけて育てられている木のことを。

自分も、植村家の長い長い歴史の中の一人なんだ。だったら、ご先祖様に恥ずかしくないように生きたい、そんな風に思った。

僕は、みんなに何を伝えるべきか、いつも考えている。
遥か先、次の世代のために今、僕が歌える歌。
未来を担う子供たちに伝えたいことは何だろう。

自分のウィキペディアを想像して一日を過ごす

もし、自分のことが孫の孫のそのまた孫の、ずっと後世までウィキペディアに残るとしたら？
ずーっと遠い未来の、例えば数百年先の子孫が、自分の名前を発見したら？

僕は時々、そんなことを想像することがある。

できたらみんなも時々、想像してみてほしい。


それこそ昔は、言い伝えや書物、そんなものからしか遥か昔の情報は知ることができなかった。

それが写真やビデオテープになって、今では画像や動画、いろいろな情報がネット上に数えきれぬほど残せるようになった。


みんながやっているブログやSNS、毎日のつぶやきや投稿が半永久的に残っていくような時代。

もしかしたら、未来では一人一人にウィキペディアのようなものがあるかもしれない。


そこには何が書かれているんだろう?

どう書かれていたら、自分は満足できるだろう?

そう考えてみると、自分の理想の人生、生き方が少し見えてくる気がする。

そこから、そうなるためには今、何をすればいいのか？　ってこともわかるかもしれない。

何も考えずに過ごす毎日を、漠然とでもいいから、数百年後を想像して過ごせたら。

一度、未来に残る自分のウィキペディアを想像しながら、一日を過ごしてみてほしい。

きっと、今までとまったく違う一日が過ごせると思うから。

僕のこれからの夢

2020年、ついに湘南乃風のライブツアーが始まる。

デビューから17年、初めての活動休止期間を経て、2年ぶりの全国ツアー。

そんなにも長い間、ファンのみんなを待たせてしまったことは申し訳ないと思っている。

ただ、僕はこの期間をポジティブに捉えている。

2年間、「歩くパワースポット」としての活動をして得たものは、きっと湘南乃風の活動にも返ってくると思っているんだ。

僕だけじゃない。

若旦那は、アコースティックギター一本で歌うというスタイルを磨き上げ、精力的にソロライブツアーを行っていた。そんな姿に刺激をもらった。

ハンクンは、カバーアルバムをリリースし、苦手なテレビ出演にも挑み、『上を向いて歩こう』を歌っていた。天童よしみさんや細川たかしさんに囲まれながら、昭和の名曲を合唱しているハンクンを見たときは、ライバル心を超え、純粋にその頑張る姿に力をもらった。

レッドもソロライブに力を入れていた。久しぶりに湘南乃風がパフォーマンスしたINFINITY16の25周年ライブでは、レッドの出番が一番盛り上がっていた。

それぞれの2年間。みんな頑張ってきた。

20代の頃は、勢いがすべてだった。「大人、この野郎！　今に見てろよ！」という反骨精神と上昇志向だけでここまで来た。

だけど、大人になった僕らだからこそ見せられる、湘南乃風の形もあるはず。

その姿を見せていくためには、また新しい自分を見つけ、磨かなきゃいけないし、大変なことなんて山ほどある。

でもそこに、すごくやり甲斐《がい》と可能性を感じている。

みんなに、40代からの湘南乃風を見ていてほしい。


僕は、「歩くパワースポット」の活動をしたおかげで新しい夢ができた。

これまでは音楽だけだったけど、これからは本の執筆、講演、悩み相談、いろんな形で誰かの背中を押すような活動ができたらと思っている。


最近では、80歳の自分まで想像するようになった。

そこにいるだけで、みんなが笑顔になるような、そんな存在でありたい。

まだまだ時間はたっぷりある。

いつかそんなおじいちゃんになれるように、これからも「歩くパワースポット」活動を続けていきたいと思っている。

SHOCK EYEの

わくわく相談室

Q

夢を周りから無理だと言われたら、どうすればいい？

どうして無理だと思ったのか、その相手に理由をちゃんと聞いた方がいいと思う。その意見のおかげで、自分には見えない不安要素に気づけることもあるから。

尊敬する人、大事な人から言われたのならしっかり聞く。そうじゃない人の意見なら、ある程度受け流してもいいんじゃないかな。

Q

「やりたいこと」と「収入」、どっちを優先すべき？

「〇〇すべき？」って聞く人が多いけど、それって誰が決めた尺度なんだろう？　ぜひ、自分は「〇〇したい」に変換して考えるクセをつけてほしいな。誰かの尺度じゃなく、自分で自分を肯定できることが一番の幸せだと思うから。

「やりたい」でも「稼ぎたい」でもどちらでもよくて、未来の損得は考えずに選んでみたらどうかな。

Q

いいお金の使い方を教えてほしい！自分に返ってくる方法はある？

下心のあるお金の使い方って、僕はあんまり好きじゃない。見返りを求めるんではなく、使いたいから使うでいいんじゃないかな。

感謝の気持ちをプレゼントで伝えるとか、自分も相手も幸せになるような使い方は素敵だと思う。旅行や、本を買うとか、自分の見識を深めるためにお金を使うのもいいかもね。

Q

もし宝くじが当たったら、どうする？

宝くじは、当選発表までの時間、幸せや楽しみを感じられるのがいいと思う。当たると評判の売り場とか、大安とかの日取りを選んだり、期待はしすぎず、でもなるべく楽しみながら。もし僕が当たったら、友達が集まれるカフェでも作ろうかな（笑）。

ただ大金を手にしても、それまで自分が培ってきた生活や価値観は大事にしたい。当たったことを、「幸運」にするのか「不運」にするのかは自分次第！

Q

「素敵な出会い」を引き寄せる方法はある？

「出会い」自体は毎日ある。ただ、そこから仲良くなるきっかけが見つからないんだと思う。それなら、自分で作っちゃえばいい。音楽好きならライブに行ってみるとか、アニメ好きならアニメのイベントに行ってみるとか。行動範囲と視野を広げてみよう！ 共通項があれば、警戒心がふわっと解けて話しかけやすいし、共感もできる。それがマニアックであればあるほど、あっという間に仲良くなれると思うよ。

Q

好きな人を振り向かせたい！ どうすれば気持ちが伝わる？

人の心って、どうしようもできない。すべてはご縁だから、つながるものはつながるし、ダメなものはダメだと思う。
でも僕は、たとえ振り向いてもらえなくても、「好き」と素直に言える人が好きだし、魅力的に思う。自分が好きになったその気持ちが素敵。大事にしてほしいな。

Q

好きになるのがダメな人ばかり。どうすればいい人に出会える？

それって、原因は自分にあるのかも。「人に流されやすい」「約束を守れない」「やりたくないことをやってる」。そんな習慣はないかな？　まずはそこを見直して、自分磨きをしてみよう！　あとは、ネガティブな情報を遮断して、ポジティブなものだけに触れるようにする。びっくりするくらい変わってくるからやってみてほしい！

Q

夫婦円満、恋が長続きする秘訣を教えてください！

その秘訣を探し続けることじゃないかな？　僕だって、今もわかんないもん（笑）。
でも小手先のテクニックじゃないと思う。起きてしまったケンカをなかったことにはできなくても、この先そうならないように何ができるか。それを探し続けることが大切なんじゃないかな。

Q 学校や職場で、どうしたらみんなとうまくやれる?

まず、「みんなと仲よくならなきゃ」って考え方をやめたらどうかな?　実は、好かれる人って、みんなに好かれようと思ってなかったりする。

一生のうちに一人、わかり合える友達ができたら十分。一人いれば、二人の世界でも楽しく生きていける。そのくらい肩の力が抜けていた方がいい。

Q ママ友との上手な付き合い方はある?

ママ友との関係よりも大事なのは、子供が友達と上手に付き合っていくために、自分が何をしてあげられるか。子供の人間関係をよく知っておくことが大事なんじゃないかな。

そのサポートをしているうちに、親御さんと共通の話題で盛り上がれたり、子供同士の仲がよければ自然といい付き合いができたりする。だって主役は子供だもんね。

Q 何度も裏切られた、陰で悪口を言われている……。人を信じることができません。

こうあるべきだと、相手に期待をしすぎているのかも。自分が変わることはできても、相手を変えることは難しいと、いい意味で理解したらどうだろう。

自分は裏切らない!　そして、誰かに信じてもらえる人間になろう!　と、その経験を糧に成長できたら、最高じゃない?

Q 子供とどう向き合えばいいか悩んでいます。

子育ての悩みって尽きないと思うけど、僕はこう考えている。

一緒にいられる時間には限りがあって、いつか子供は巣立ってしまう。

だからこそ、この濃密な十数年は、なんて大切な時間なんだろうって。

悩むことが正解!

第4章

「自己肯定感」は、人との出会いで高められる

HUMAN

自信がなかった子供時代

誰にだって「認めてもらいたい」「褒めてもらいたい」という欲求があると思う。今の僕はたくさんのファンの人たち、家族や仲間やスタッフが僕を認めてくれるから、毎日頑張れてるし、創作意欲も湧いてくる。

ただ、そんな風に認められる人ばかりではないのもわかる。

僕の子供時代が、まさにそうだったから。

小学生の頃の僕は、落ちつきがない上に、自分の思いが通らないことがあると飛びかかって喧嘩《けんか》するような子供だった。

素行が悪いというよりも、何かにのめり込むと周りのことが見えなくなって、気がついたら叱られている、という問題児。

親はよく学校から呼び出され、そのたびに怒られた。

僕の言い分に、耳を傾けてくれなかった親。

心の中では「僕にも理由があるんだ！　話を聞いてよ！」って思っていたけど、口下手でうまく思いを伝えられなかった。

いつも頭ごなしに言い負かされ、不貞腐《ふてくさ》れるのが精一杯だった。

昔の写真を見ると、仏頂面したものばかり。

幸せそうに、大笑いしている写真はあまり見当たらない。


何をやっても叱られてばかりの僕が、親から唯一褒められたのは、学校のテストでいい点を取ったとき。「勉強なら頑張れる！」って思った。

得意のハマれる性格で小学4年生から塾に通って、毎晩遅くまで勉強した。

難関校に受かったら、今度こそ褒めてもらえる！

それだけを楽しみにしていた。

猛勉強が実って、僕は第一志望の中高一貫校に合格した。小学4年生から3年間、ずっと頑張っていたから、言葉に表せないほど嬉しかった。

でも、親はそんなときでも褒めてはくれなかった。

前の年に兄が受験で失敗してしまっていたことで、兄の気持ちを考えてお祝いは控えようと言われた。

いつも厳しい親が褒めてくれると期待していただけに、寂しかった。


頑張ってきたことを認めてもらえない。結果を出したのに褒めてもらえない。

そんな経験からか、ずっと自分に自信が持てなかったし、そんな自分が好きになれなかった。自己肯定感なんて、まったく持てなかった。

だからこそ、逆に優しく認めてもらった記憶は、とても鮮明に残ってる。

小学生のときにめずらしく父親と兄貴と3人で行った上野公園。

その帰りに、リクエストしたら父親が「じゃ、食べて行こうか！」って吉野家の牛丼を初めて食べさせてくれた。

自分が提案した牛丼をみんながおいしいと食べている。

忘れることのない、世界一、うまい夕飯だった。

家族でもお互いに価値観を尊重する

僕がもらう相談の中には、親との関係に対する悩みもすごく多い。

僕も結婚した最初の頃は、妻が実家と僕をつなげようと努力してくれていたこともあった。だけど、実家に子供を連れて帰ったとき、親が孫に接する態度を見て、つらかった自分の子供時代を思い出してしまった。

僕自身の体験から、自己肯定感が低い人は、親との関係がよくない傾向にあると思う。

自己肯定感の高さには、どうしても育った環境が大きく影響する。自分の力だけで克服するのは難しいと思うんだ。

だから、僕がいつも伝えるのは、親子関係がよくない人は、無理して仲よくなる必要はないんじゃないかってこと。

僕自身、親にはほとんど会っていない。

一緒にいることより、お互いの価値観を尊重することが大事なのかな、とも思う。

親が生きてきた何十年間があって、そこに自分の今時の価値観を押し付けるのも違うと思う。**どちらかが悪いのではなくて、お互いの価値観が違ってしまっているだけ。**そう思うと楽になる。

会ってお互いが嫌な思いをするなら、会わないで尊重しあって、それぞれが楽しい時間を過ごした方が幸せだと思うんだ。

もちろん、家に対するリスペクトはある。

だから、先祖が眠るお墓には年に数回、一人ででもお墓参りに行く。

それに対して敬意を払うことが、まわりまわって親へのリスペクトにもつながるんじゃないかな。そのことを自分が忘れなければいいと思う。

「退学」そして「引きこもり」に

高校2年生のとき、初めての大きな挫折を経験した。

入学した中高一貫校はいかにも進学校といった雰囲気で、中間や期末テストでは毎回順位が発表された。

とにかくいい成績を残して、有名大学に入ることだけが求められているような気がしていた。


僕は徐々に親に遠慮せずに、自分のやりたいことをやるようになった。

僕の高校生時代はチーマー全盛期。渋谷はチーマーのたまり場となっていた。僕もご多分に漏れずチームに入り、夜な夜な遊んでいた。

大人の目を盗み、友達と悪さをする。初めて自由な気持ちを手に入れたような気がした。今思えば、その時期特有の自我の目覚めだったんだと思う。

そして高校2年生の頃、ある暴力事件を起こしてしまう。やらなければ、次は自分が標的になるという恐怖から、止むを得ず暴力に加担してしまった。

あのときの僕にはどうすることもできなかった。被害者の人には本当に申し訳ない気持ちが今もつねにある。

高校は自主退学となった。生まれて初めての大きな絶望と挫折。あんなに努力して入った学校だったのに……。人生が終わったと感じた。

退学した後は、親の勧めで大検を取得するために東京の祖母の家で暮らした。大検は取ったけれど、19歳の僕は、夢も目標も何もない未来と向き合うのがしんどくなって。一年間くらい、いわゆる〝引きこもり〟になった。

保護司さんとの出会い

僕が初めて大人に心を開くことができたのは、皮肉にも暴力事件を起こした後だった。

その後も警察に補導され、保護観察処分が下されていたときのこと。

月に2回、70歳過ぎの保護司さんの自宅に呼ばれて話をしていた。

お茶を飲んで、なんてことない世間話を1時間くらい。ただそれだけのささやかな時間だった。

それまで、大人と対峙《たいじ》するときは決まって、何時間も座らされて説教された。

今ほど弁が立たなかった僕は、自分の言いたいことを飲み込んで、時が過ぎるのをひたすら待つ。そんな苦痛な時間でしかなかった。

その頃、ＨＩＰ－ＨＯＰのＤＪに興味を持っていたけど、親の反応はよくなかった。ＤＪって聞くだけで、不良の温床みたいに考えていたんだろう。だけど、保護司さんだけは僕がやっていることについて、ウンウンって最後まで聞いてくれた。「ＤＪいいじゃない」「そうなんですね、頑張ってね」って。厳しいことは何一つ言わない。僕のやりたいことを否定せずに、最後まで聞いてくれる大人がいることが新鮮だった。

なんてことないけど、温かい時間。

保護司さんとの出会いで、僕は少しずつ前向きになっていった。

だから僕も誰かに悩み事を相談されたときは、あの日の彼みたいに、相手の話をまずはウンウンって聞くことから始める。

うまい言葉が見つからなくても、**ただ黙って話を聞いて、共感して、味方になってあげる。**それだけで前に進む力が湧いてくる。

そのことを、僕は誰よりも知っているから。

僕と兄貴のカレー事件

僕は3兄弟の真ん中で、兄貴と弟がいる。

1歳年上の兄貴は真面目で優しい。兄貴は、僕よりずっと両親から可愛がられているような気がしていたけど、兄弟仲はよかった。


引きこもりになっていた一年間、僕は時間を持てあますと、チャーハンやカレーといった簡単な料理をするようになった。

特にカレー作りにはハマった。8玉分くらいの玉ねぎを飴色《あめいろ》になるまで炒め、隠し味にも凝って、究極の一品を目指していた。

兄貴はそんな僕をいつも面白がってくれた。

兄貴が食べた後の「おいしい！」を聞きたくて、僕はますますカレー作りに夢中になっていった。

ある日、渾身《こんしん》のカレーが完成した。カレーは寝かせた2日目の方がおいしいとわかっていたから、作ったことは内緒にして冷蔵庫で寝かせていた。

翌日、やっと食べ頃だと思って鍋を取り出してみたら、カレーがわずかしか残っていない。

「誰だ！　食べたのは！」

大声で怒鳴ると、兄貴が食べたって。

兄貴に食べさせるために作ったカレーを、兄貴が食べて、なぜか僕はガンギレ（笑）。当時はこじらせ男子だった。

ポジティブな友達

あれは成人式の日。

引きこもっている僕のもとに、一本の電話がかかってきた。中学時代からの友達、ＩＮＦＩＮＩＴＹ16のＴＥＬＡ－Ｃ（以下、テラシー）だった。

テラシーは、僕が退学になった暴力事件にも一緒に加担していた仲間。彼も事件を起こした後、同じ学校を退学になっていた。

だけど、彼はあっけらかんとしていた。

学校に裏切られた、大人なんて信じられないと、高校編入を頑なに拒んでウジウジしていた僕とは違い、彼は普通に都立の高校へと編入し、新しい友達と楽しそうな学校生活を満喫していた（笑）。

今思えば、「よく行くなー」「切り替え早いなー」と言いながらも、少しうらやましいと思う僕がいた。

彼は持ち前のポジティブ思考で、どんな逆境も明るく乗り越えているように見えた。

成人式にも出席せず家にいた僕を、テラシーは、彼の地元である横浜の成人式に誘った。

断るのも悪いと思い、式には行かないけど、同級生の集まる二次会に合流する約束をした。

長身の兄貴に借りたダボダボのスーツを着て、おそるおそる参加した横浜ランドマークタワー最上階のラウンジでのパーティー。

勇気は必要だったけど、人生で一度きりの大切な思い出になっている。


そんな僕にレゲエ音楽の面白さを教えてくれたのも、テラシーだ。

「歌をやらないか」ってチームに誘ってくれたのも、ジャマイカ行きを提案してくれたのも、全部テラシー。

自分の殻をなかなか破れなかった僕に、一歩踏み出すきっかけを作ってくれた。

誘われたときは、レゲエなんか知らないし、好きでもなかった。

でも、友達と一緒にまた何かを目指せるなら、飛び込んでみようと思った。ジャマイカへの渡航費がなかったからバイトのシフトを増やし、今まで集めてきたHIP‐HOPのレコード2000枚も中古レコード店に売った。

宝物のレコードを手放すことには、まったく躊躇《ちゅうちょ》しなかった。

ただ、目の前の彼が言った「一緒にジャマイカに行こう」という言葉を信じてみようと思った。

彼の誘いがなかったら、彼のポジティブな性格がなかったら、僕は音楽をやっていなかったかもしれない。

自己肯定感の高い兄貴

兄貴は同じ環境で育ったのに、僕と違って自己肯定感が高い。

小学生の頃、親に怒られて二人で夜中に家から締め出されたことがあった。僕は家に入れてほしくてずっと泣き叫んでいたのに、兄貴はチャンスとばかりにキックボードで遊びまわっていた。

親が「家に入っていいよ」と許してくれると、兄貴は「え、もう？」とまだ遊び足りない様子。僕は人生の終わりくらいに、泣き叫んでいたのに。

その違いって**「愛されている自信」**から来るものだと思う。

兄貴は長男だから、武士の家系である我が家では大切にされ、愛情豊かに育てられた。それに比べ、年子で弟の僕は自己肯定感が育たなかった。

両親からは、音楽の仕事なんて「うまくいくはずがない」って相変わらず反対されていた。僕がやっとやりたいことを見つけて、情熱を傾けてやっているのに認めてくれなかった。

そんなときでも、兄貴だけは「いいじゃん、ヒロ」って背中を押してくれた。

湘南乃風で初めてコンピレーションテープを作ることになったときも、兄貴はデザインを手伝ってくれた。デザインなんて、やったこともないのに。

今でも兄貴の部屋には、そのときのポスターが貼ってある。黄ばんでしまったそのポスターを見るたびに、当時のことを思い出す。

僕がメジャーデビューをして、世間から注目をされた後も、兄貴は昔と変わらずに、ずっと応援してくれている。

自分のマインドを「孤独」から「孤高」に変えてみる

兄貴と言えば、忘れられないエピソードがもう一つ。

メジャーデビューしたての頃、僕は湘南乃風の中で明確な立ち位置を見つけられず、迷いの中にあった。

個性的で熱いメンバーの中で、僕のキャラクターだけ、地味だった。

心の底では、他のメンバーに負けないくらい熱い気持ちを持っていたんだけど、僕はどちらかというとオラオラするタイプではなかったから「行くぞ！　お前らついてこい！」みたいなノリが少し苦手だった。

ライブ中も、少し無理をして周りに合わせていた。

メンバーが熱狂してファンのみんなを煽《あお》る空気に入れないときは、ヘラヘラすることでバランスを取っていたんだと思う。

だけど、みんなのノリについていけない「孤独感」は、ずっと消えることはなかった。

熱く引っ張ってくれるメンバーを求めるファン。それができればみんなが応えてくれるとわかっているのに、できない。

恥ずかしくて、いつもどこか肩身狭そうにパフォーマンスしてた。時に無理してやってみるものの、様にならなくて。

あるとき、ライブを見に来た兄貴に「なんでお前、そんなにヘラヘラしているの？」って言われた。

「恥ずかしいんだろ？（笑）　わかるよ。ヒロはそういうノリじゃないもんな。でも、孤高でいいじゃん！　堂々としたらいいんじゃない？」って。

少し驚いた。

「**孤高**」の意味を知らなかった僕は、家に帰って急いで調べた。

辞書を引くと「**ただひとり、他とかけ離れて高い境地にいること**」とあった。

何これ、かっこいいじゃん。

そのとき、自分の存在を肯定してもらえた気がした。

他のメンバーみたいに、熱い思いをみんなの前で堂々と出せない地味な自分。そんな自分が嫌いだったけど、一人くらいそんなキャラクターがいてもいいんじゃないか。僕は僕なりの存在価値で、自分なりのやり方で、一歩一歩踏みしめていけばいい。

グループの中で居場所を見つけられなかった僕を、今日まで支え続けてくれた「孤高」という言葉。

もし今、自分の置かれている場所や人間関係の中で馴染めず、潰れそうになっているなら、**自分のマインドを「孤独」から「孤高」に変えてみる。**

今自分がいるのは、みんなとは少し違うかもしれないけど「気高い場所」なんだって。

兄貴からのこの言葉は、僕の心のお守りになっている。

彼女は太陽、僕は虫メガネ

デビュー前、24歳の頃、のちに結婚することになる彼女と出会った。

自己肯定感の低い僕と違って、彼女はポジティブでいつも笑顔だった。

今まで出会ったことのないタイプ。どんな僕も認めて肯定してくれた。

小さなことでも彼女は優しさで溢れていた。

例えば、「パンを買ってきて」と頼まれたとして、僕は言われた通りにパンしか買わないんだけど、彼女はパンのほかに、パンに合いそうなコーヒーも買ってきてくれる。

それは僕だけではなく、誰に対しても同じだった。

こうしたら相手が喜んでくれるかなってナチュラルに考えていた。

それまでの僕には、まったくなかった感覚だった。


いったいこの差は、どこから来るんだろう。

二人で子供の頃の思い出話を語り合っていたとき、そのヒントがあった。

彼女の生まれ育った家庭には、旅行に行ったり遊びに行ったり、本当にたくさんの思い出がある。

一方僕は、家族とどこかに行って遊んだ記憶は数えるほどしかない。

食べてきたお菓子についても、僕が煎餅《せんべい》やみかんとかなのに対して、彼女はケーキやクッキー、カラフルな色のついたポップコーン……僕とはまるで世界が違った（笑）。

厳しく育てられた僕に対して、彼女は家族からどんなことでも認めてもらっていた。

彼女は僕から見たら、愛情の英才教育を受けた「愛情エリート」だった。

思いやりを持てなかった自分。
いつも目つきの悪かった自分。
自信がなくていつも強がっていた自分。
そして、そんな自分を肯定できなかった自分。

こんな僕でも、彼女と出会い、彼女の感覚を真似することで、たくさんの愛情を教わった。

もちろん今も、彼女から勉強している。

最近、彼女は「太陽」で、僕は「虫メガネ」なんだと思うことがある。ポカポカとした彼女から受けたエネルギーを集中させて、熱い光にして、みんなに注ぐ。

「歩くパワースポット」としての活動ができるのは、僕を認めてくれる人との出会いがあったから。

そして、僕を支えてくれるファンの人たち……掛け替えのないみんなの存在があるからだと思っている。

親友のような親子でいる

結婚をして、子供を育てるにあたって、自分が両親とのやり取りの中で嫌だったことは子供にしたくないと思ってる。

10歳と5歳の兄弟。子供が喜ぶことはなんだろう。子供との毎日の中で本当に大切にしたいこと、どんな父親になりたいかもずっと考えている。

彼女は、子供がどんなことをしてもおおらかに接する。僕は正直、「こんなに甘やかしていいのか」って感じたこともある。

「褒めすぎると調子に乗るんじゃないかな」って相談したら、彼女は「調子に乗ってもいいじゃん。頑張ったことは褒めてあげたいし、喜んでいるんだから！」と言った。

同じことを、全然違う角度で見ていた。

僕は親に甘やかされた記憶もなかったから、最初から彼女のような接し方はできなかったけど、僕なりの愛し方を考えて、育児についていくつかのことを心がけるようにした。

子育てで僕が日頃大切にしていることを、書いてみたいと思う。

●子供に強制しない

強制してしまうのは、親がこれが正解だ、こうやれば間違いない、と思い込んでいるからだと思う。

子供に安全な道を進ませようと思えば「あれしなさい」「これはしちゃダメ」ってなっちゃうけど、人生において何が失敗で何が成功かなんてわからない。自分だってそうだったんだから、親の理想ばかりを押し付けないようにしている。

強制せずに彼らの自主性を大切にして、何かあったとき、親である僕らが責任を持って助けてあげればいい。

●子供に期待しすぎない

期待をしすぎるから、期待に添わない子供にイライラしたり、怒ってしまったりするんだと思う。

だから、子供への期待値のハードルを下げてみる。

そんな期待をいい意味で裏切るくらい、子供は軽々と超えてくれるから！

●どんなときも子供を褒める

人格形成期に褒めると、将来の自己肯定感につながると本で読んだ。

どんな子供でも褒めることはたくさんある。僕は**結果そのものよりも、それまでの過程や、頑張ったことを褒める**ようにしている。

もし褒めるのが苦手だったら、そんなときこそポジティブ大喜利！

「個性的だねー」とか「元気でいいねー」とか、短所だと思うことを「長所」に変換する。

●叱るときは本気で

叱らないといけないときは、ちゃんと叱る。

例えば、嘘をついたり、自分より立場の弱い誰かに意地悪したり、そういう「ズルさ」は認めない。

僕もたまに自分がイライラしていたりすると、頭ごなしに怒鳴っちゃうことがあるけれど、「まずかったかな」と気がついたら、ちゃんと謝る。

僕の家庭は誰がエライとかはなくて、とてもフェア。

頼り頼られながら、どうしたら一緒に楽しく生きていけるかをみんなで模索している。

子供と感情を共にする

僕は子供と共に成長しながら、子供の遊びにも一緒にハマることを大切にしている。

父親の役目なんて、それくらいがちょうどいいんじゃないかな。

一緒に遊べれば、単純に楽しいし、子供の価値観も自然と身についてくる。

例えば、何かを買ってほしいと懇願されたとき。

もちろん、何でもかんでも買うわけではないけれど、頭ごなしに「いらないよね」「お小遣いからやりくりしなさい」と突き放すことはしないようにしてる。

いつも一緒に遊んでいるからこそ、肌感でわかることがあって。

友達の間ですごく流行《はや》っているものなら、それを持っていないと子供がその輪に入れなくなるな、とか。これは、ただ思いつきで言ってるな、とか。

あとは、これは僕も欲しいな、とか（笑）。本当に必要かを一緒に考える。

高いから安いから、というのは大人の論理。

そこに当てはめず、必要なものなら高くても頑張って買ってあげたいし、必要ないと思うものなら、安くても買わない。

金銭感覚を教え込むより、まずは子供と感情を共にしてみることを大事にしている。


子供って、際限なく欲しいものがある時期がある。

特に5歳くらいまでは、見るものすべてが好奇心をかきたてるから、何でも欲しがる。

そんなときには、自分の〝スペース〟には限りがあることを教えている。

例えば、おもちゃ箱にはブロック、車のおもちゃ、戦隊モノ、人形、ガチャガチャ、クレヨンなどが目一杯入っている。

その中で、「新しいおもちゃを買ったら、箱に入りきらないから一つは捨てないとね、どうする？」と聞いてみる。

すると、「あの人形は捨てたくないから、新しい人形はあきらめる」って、子供なりに考えて、納得してくれるんだ。少しだけどね。

お金の大切さなんて社会に出れば嫌でもわかる。だから今は、世の中の価値観に縛られない、自分だけの価値観が育ってくれたらな、と思っている。

子供と一緒に悩む

子供が挑戦していることでうまくいかないなら、僕も一緒になって踏み込んで挑戦する。ゲームをやるときも一緒に熱中している。

「勉強しなさい」なんて命令するよりも、よーいドン！　でどっちが先に問題を解けるかやってみる。すると、勉強だって共通の楽しみに変わる。

僕の役目は子供と一緒に人生を楽しんで、共に悩んで、「何かあれば命をかけて守る」。それだけ。

今の時代、何が正しいのかって、子育てについても正解を求めてしまいがち。

だけど、正解は一つじゃない。

もし正解があるとするなら、「どうしたらいいか」って一緒に悩むことだと思う。

かけがえのない大切な日々の中で
育ってゆく　君も僕も一緒に
いつか君が大きくなったら
僕らの想い　わかってくれるといいな

大きくなったら　早く寝なくてもいいの？
大きくなったら　好きなだけのオモチャを
大きくなったら　お菓子に囲まれて
そんな夢を見ているの　ちいさな君

大きくなったら・・・・
どんな夢見ているのかな？　楽しみ

（『大きくなったら』）

第5章

今を受け入れて「感謝」する

GRATITUDE

初めての著書

２０１９年４月。平成も残り１ヵ月となった春に、僕は一冊の本を手にしていた。『歩くパワースポットと呼ばれた僕の大切にしている小さな習慣』。初めての僕の著書だった。

「歩くパワースポット」なんて呼ばれて、最初は戸惑うこともあった。けれど、初めての著書をまとめ終わる頃には、これが音楽と同じくらい大切なライフワークになるんだろう、僕がこれまで歩んできた道は、ここに通じていたのかもしれないなって漠然と思った。

16歳のときの僕が見たら、どんな風に思うんだろう。

猛勉強の末、やっとの思いで入った学校だったのに、自主退学が決まってしまって、絶望で世の中がぐらんぐらんに見えていたあのときの僕。

26歳、湘南乃風としてメジャーデビューが決まったあのときだって、音楽をずっとやっていきたいとは思っていたものの、42歳で著書を出すなんて想像もしていなかった。

人生は面白いな。
本当にそう思う。

不安だらけの僕、自信が持てなかった僕。
みんなに背中を押してもらって、やっと立ち直れた僕。
その僕が、目の前のことに熱中して突っ走ったその先に、誰かの背中を押すようになっているなんて。

そもそも僕は、言葉で誰かの背中を押すなんてことができるような人間だったっけ？　なんだか照れくさかった。

激励メッセージを送る

本の発売から一年。僕はたくさんの経験をさせてもらった。

その一つに、とても印象に残った出来事がある。

ある日、SNSを更新しようとインスタグラムを開いた。

お悩み相談のDMがいっぱい来ているなと思っていたら、通っているジムのトレーナーさんの息子さんからも届いていた。

名前はハル君。国士舘高校に通っている16歳の少年だ。

「僕の通っている国士舘高校の柔道部が、明日から全国高校柔道選手権大会に出場するのですが、出場する選手や応援に回る部員全員に激励の言葉をいただけませんか？　もしこのメッセージを見ていただけたらお返事お願いします」

ハルくんを何度かジムで見かけ、話したこともあったけれど、突然のことで驚いた。

国士舘高校は、その前の年に全国大会である高校選手権と金鷲旗で優勝した強豪校。二冠は達成していたものの、インターハイでは優勝できず、惜しくも三冠を逃がしたことを知っていた。

次こそ「三大大会三冠」を目指して、頑張っているんだなって思った。

「お！ ハル。何すればいい？」と送ったら「運気アップお願いします。メッセージ動画を送っていただけたら最高です！」と返事が来た。

そこで、僕は激励とともに「運気アップ！」を込めたビデオメッセージを撮って返信をした。

すると、2日後にハルくんから、またDMが届いた。

「ショックさん、運気アップありがとうございました。無事に日本一になることができました……自分は決して団体戦の選手でもなんでもありませんが、同級生の活躍を見て、誇らしい限りでした。こうやって大好きなアーティストとＤＭでやりとりができるということが当たり前ではないということ、環境に恵まれすぎているということの自覚とともに、日々精進していきます」

優勝したんだ、よかったなとホッとした。だが、僕が何より嬉しかったのは、ハルくんが同級生の活躍を心から応援していることだった。

選手に選ばれなくても部員を支えたいという彼の思いは、自己主張がうまくできず前に出られなかった少年時代の自分とかぶった。

その後、国士舘高校柔道部は、団体戦において高校選手権に続き、金鷲旗、インターハイを優勝し三冠を達成、偉業を成し遂げた。

僕が送ったメッセージで、少しでもみんなが前向きになってくれたこと。誰かがポジティブになってくれるのなら、こんなに嬉しいことはなかった。

大会で勝ったとか負けたとかってことよりも、みんなで心を一つにして信じて優勝をつかみにいく、そんな部員みんなの気持ちが嬉しかった。

子供たちに光を

「歩くパワースポット」の活動って漠然としていたけれど、それは、**誰かの背中を押すこと、目の前の人が笑顔になれますようにって、願いを込めること**なんじゃないか。

僕はいつしかそう思うようになった。

そんなある日、スタッフのお子さんが、学校になかなか馴染めずに不登校になっていることを聞いた。

世の中、みんながみんなポジティブに生きられるわけでもないことは、自分の青春時代からもわかっていたことだった。

「将来、どうなってしまうんだろう」

外の世界に出たいのに出られない。そんな日々が何よりもつらいことは容易に想像できた。僕は引きこもりをしていた、あの頃のことを思い出していた。


あのとき、僕の周りの大人は助けてくれなかった。

そんな大人にはなりたくないと思いながら、生きてきた。

今の自分には、何ができるだろう?

考えた僕は、スタッフのお子さんを始め、学校や仕事に行けないで悩んでいる人に向けて『君のお守り』という曲を作った。

リリースする予定もなく。

ただ「君たちの未来はきっと明るいんだ」ってことを伝えたくて。

完成した曲は、その子にも直接渡すことができた。
まだ感想は聞けていないけど、喜んでくれたかな。

人と違うってことは　心細いだろう
暗い夜道を　一人　歩いていくようで
でも　ただ信じていいよ　焦らず進んでいいよ
必ず　光は差すよ　僕も同じだったから

揺れる心をどこに連れていこう　君の手を引きどこへ連れていこう
地図広げて　明日を思い描く　答えはまだないけど
いつか　君が行きたい所まで　運転は君さ　任せたからね
行き先なんて　もうどこでもいい　一緒に笑えるなら

（『君のお守り』）

ご縁には出会っているもの

この間、不思議なことがあった。

品川駅を歩いていたら、元女子レスリング日本代表で金メダリストの吉田沙保里《よしださおり》さんとすれ違った。

「わ！　霊長類最強女子の吉田沙保里さんだ！」とテンションが上がったけれど、このときは面識がなかったので挨拶はしなかった。

その数日後、新しい仕事が舞い込んできた。

「明治プロビオヨーグルトR－1」の受験生応援アンバサダーとして曲を作り、CMに出演してほしい、という依頼だった。

受験生を応援する。「誰かの背中を押す」活動をしていたら、こんなお仕事をいただくことができた。本当に嬉しかった。

驚いたのはここから。

なんと、そのR―1のCMキャラクターを務めていたのは、先日駅ですれ違った、あの吉田沙保里さんだったのだ。

すれ違ったあの日から、約1ヵ月後の記者発表で、まさか共演することになるなんて、本当に驚いた。


実は、僕はこういった経験をすることが多い。

「引き寄せの法則」と、世の中では言うらしいけど、**ポジティブに生きていると、ポジティブを引き寄せる。**本当、その通りだと思う。

きっとご縁や幸せは、僕だけでなく、みんなが日々出会っているものなんだと思う。

ただ無関心に通り過ぎるのか、その毎日にふと立ち止まって、何でもない出会いに自分なりの意味を見つけられるのか。

目の前で起きたことを「ご縁」だと信じる。そんな気持ちを持つことが大事なんじゃないかな、と最近つくづく思う。

いつもどおりでいい

R－1のCMは受験生を応援する、というコンセプト。提供する曲のテーマを考えた僕は「合格しますように」という応援の仕方を選ばなかった。

だって、もし合格できなかったら、その子はどうなるのって。

受験生のお母さんをイメージして作ったその曲が『アイロン～がんばる君へ～』。

子供の一番そばで応援してくれる味方は、お母さんだと思ったからだ。

結果も、もちろん大切だと思う。

けど、それよりも大切なことは、受験に挑んで頑張ってきたこと、夢中になってきたことにある。受験は、テストの日を迎えた時点で成功なんだと伝えたい。

遥か昔、志望校に合格して成功したと思っていた僕は、16歳で学校を辞めることになった。

そこで大失敗したと思った僕は、その先で一生の仕事になる音楽に出会った。

もうこうなると、何が成功で何が失敗かなんて、正直わからないし、今となってはすべてが必要だったと確信できる。

思うのは、**どんな状況にあっても、目の前のことに一生懸命になってやってきてよかったなぁ**、ってこと。

一生懸命なら、どんな世界でも開けていくんだよ、だから決戦のときであっても気負わず〝いつもどおり〟でいいからねって伝えたかった。

合格しても、合格じゃなくても、どちらにも素敵な未来が待っているよ。

そんな思いを歌に込めた。

いつもどおりでいい　いつもどおりがいい
頑張りすぎる君に　笑顔の差し入れするみたいに
いつもどおりでいい　いつもどおりがいい
クシャクシャな気持ちなら　アイロン当てるみたいにさ
しゃんとしている白いシャツ　持ち慣れた鞄　背負い向かう
凛とした顔で「行ってきます」送り出す　君の背は頼もしく

振り返らずに進みなさい
怖がることは何もない
勝ち負けより大切なものは　すでに君の中にあるから

（『アイロン〜がんばる君へ〜』）

どんな道でも大丈夫

こんな風に考えられるようになったのは、妻の影響があったからだと思う。

僕がデビューする前、将来がまったく見えない頃から、彼女はそんなスタンスだった。

「このままメジャーデビューもできず、君を幸せにすることができなかったらどうしよう」って不安に思っていたとき、彼女はこう言った。

「もし、音楽の道に進めなかったら、そのときは、二人でマンションの管理人さんにでもなればいいじゃん。楽しそうじゃない？」って。

僕はそのとき、すっと肩の荷が下りたような気がした。

そんな未来を思い浮かべてみたら、めちゃくちゃ楽しそうだった。

そうか、たとえ僕が音楽の道に進めなかったとしても、幸せになる方法はいくらでもあるんだ。

どっちの道に進んだって、幸せじゃん。

その言葉を境に、何かを吹っ切った僕は、自分の目指す音楽を純粋に追求することができるようになった。

大きな屋根をかける

どんな道に進んでもいいとはいえ、すべてがラクで平坦な道ばかりではない。

新しいことに挑戦するのは、何歳になっても不安がつきまとう。

でも、僕は不得意なことに挑戦したとき、結果、「やっぱりやってよかった！」って思えることが多いことに気がついた。

昔、父親がこんな話をしてくれたことがあった。

「一本の柱を屈強にしたり、太くしていくことももちろん大事だけど、もう一本立てることも、すごく大切。得意なことばかりに気を取られず、見識を広げて、苦手なことでもやってみろ。**一本の柱よりも二本の柱の方が、大きな屋根をかけられる**んだぞ」

今になって、なるほどなって思った。

この一年の「歩くパワースポット」としての新しい挑戦も、大きな屋根をかけることにつながっているんだ。

そう思えて心強くなった。

運はつかみにいかない

「歩くパワースポット」という役目をいただいたけど、自分自身はまだまだ足りていないと思っている。本当の意味で「歩くパワースポット」になるためにはどうしたらいいか、とつねに考えている。

その中で「欲張らない」「謙虚に」は、自分にとって重要なキーワードだ。湘南乃風の活動の中でも「俺たちは天狗《てんぐ》になっていないか?」と、みんなでつねに確認してきた。

あるとき、「雀鬼《ジャンキ》」の異名を持つ伝説の雀士・桜井章一《さくらいしょういち》さんの言葉に感銘を受けた。

「運っていうのは小魚みたいなもの。小魚ってつかみにいこうとすると絶対に捕まえられない。けど、触らせてくださいって気持ちで行くと、逆に向こうから寄ってきてくれる」

どこで目にしたのか正確には思い出せないけれど、こんな内容だったと思う。

つまり、欲をかいてはいけないということだ。

僕はこの話にもう一つ、自分なりの考えを加えた。

海に飛び込まないと、小魚に近づくこともできない。海面の上からじゃ見ることもできない、ということ。

挑戦しなければ何も始まらない。

もしうまくいきだしても、つねに自分を過小評価も過大評価もせずに見つめて、心を整えておくことが大事なんだと思う。

物事がうまくいっているときほど、自分自身に確認する。

僕はちゃんと海に飛び込めて（挑戦できて）いるかな。

僕は運をつかみにいっていないかって。

目の前で起きていることに感謝をする

今の自分のポジションに「いい」「悪い」はない。

今の自分を受け入れて「幸せだな」と思えることが素敵だし、最終的な理想だ。

今、僕もそれを目指している。

僕にとっての「成功」は、出世でもなんでもなく、「幸せになること」。

日々が楽しいなと思えること。

僕だって、もっといい生活がしたいとか、欲で考えてしまうことはもちろんある。

でも、それを最終目標に置いてしまうと、絶対うまくいかない。

そもそも、人より成功したい、と思うから悩む。

運を引き寄せたいと思ったら、今の自分に満足して、感謝をすること。

今、目の前で起きていることに感謝をすること。

もう、それを続けることしかない。

欲張らず、謙虚にいることが運を引き寄せるんだと思っている。

少なくとも、僕はそれで運が上がってきた気がしている。

運って、感謝が当たり前の習慣になった頃に、ぽーんとやってくるものなんじゃないかな。

職業「歩くパワースポット」

「歩くパワースポット」として生きようと決めてから、この一年、たくさんのことを勉強し、模索し、行動してきた。

新しい挑戦をするたびに、まだまだ自分も勉強が足りないなとか、もっと頑張らなきゃなって思うことが増えて、そのたびに謙虚な気持ちになることができた。

毎日に感謝をして
欲張らずに
謙虚に生きる。
そして迷ったら、目の前の人が喜ぶことをしよう。

今の僕がしたいと思うのは、こんなこと。

これからは「歩くパワースポット」という名前に負けない自分になれるよう、もっともっと誰かの背中を押す存在になっていきたいと思っている。

その第一歩として、「SHOCK EYEのわくわく相談室」というオンラインコミュニティを立ち上げることにした。

ここはみんなの相談に答えたり、神社の情報をシェアしたり、どこにも居場所のない子供たちが心を開いて話ができるような、「誰かの背中を押す」活動をするための場所にしたいと思ってる。

そして「人のために何かしたい」という気持ちはあるけど、何から始めればいいか、って悩んでる優しいあなたが、この場所で誰かを勇気づけたり、背中を押す手伝いをしてくれるなら、本当に心強い。

僕のこれから始まる、大きな夢の第一歩になると思っている。

「歩くパワースポット」

僕にとっては大きな意味を持つこの呼び名。

だけどそれは、何も僕だけに与えられた特別なものではないと思っている。

「歩くパワースポット」は、誰もがなれるものなんだ。


目の前の人が喜ぶことをする。

家族でも、友達でも、職場の同僚でも、SNSでつながった見知らぬ人にでもいい。

なんでもいいから一つ、今、自分の目の前にいる人が笑顔になるようなことをしてみてほしい。


日本中にそんな人が溢れたら、きっと日本全体が幸せになる。

僕はそう思うんだ。

おわりに

やるべきことに悩んだら、目の前の人が喜ぶことをしよう

最後まで読んでいただき、ありがとうございました。

この本を手にしてくれたすべての人に感謝するとともに、みなさんとこうして本を通してつながれたことに、とてもご縁を感じています。

最後に、「今、何をやればいいのかな」と悩んでいる人へ。

人生は迷路みたいなものだと僕は思う。

例えば、目の前に8本の道があって、そのうち1本だけが出口につながっていて、7本は行き止まりの迷路だとする。

そんなとき、どれが出口への道かと立ち往生している人をよく見かける。

どの道の先に出口があるかなんて、もちろん誰にもわからない。
だとしたら、その迷路自体を楽しんだ方がいい。
選んだ道が行き止まりだったら、じゃあ次はこっちだ、みたいに。

極端な話、「7本全部行き止まりだったけど、最後の最後、8本目でやっと出口にたどり着けたんだよ」なんて、そんな波乱万丈な出来事があったなら、その経験談を誰かに話して笑ってもらえればいい。

僕が出会ってきた、夢を叶えた人たちはみんな、決まって面白い失敗話をたくさん持っていた。

どの人もみんな魅力的だし、今はまた新しい迷路に飛び込み、人生を楽しんでいる。

だから、今叶えたい夢がある人は、結果を恐れずに飛び込んでみてほしい。
どんどん紆余曲折《うよきょくせつ》していいし、その過程を楽しんでほしい。
その経験はすべて、きっと誰かを笑顔にできる大切な宝物になっていくから。

夢が見つからない、あるいはどう叶えればいいかわからないのなら、それこそ誰かを喜ばせるために、一歩踏み出してもいい。


友達でも、会社の上司でも、親でも恋人でも、誰でもいい。

今、目の前にいる人が笑顔になることをしてみよう。


そのために、まずは「**目の前のことに一生懸命になる習慣**」を身につけてほしい。

たくさん学んで知恵をつけて、行動していると、小さな成功も失敗もいっぱいあるけれど、それを繰り返すうちに、少しずつだけど自信もついてくるはず。

その中で、新しい夢や目標も生まれてくる。

そうやってつねに、誰かのためにと一生懸命に生きていたら、いざというとき、きっと誰かが力を貸してくれる。

ポジティブな言葉を使って、失敗も笑い話に変えて、そのうちに「誰かのために」がいつの間にか「自分のため」になって。

先は見えなくても、きっといつかは笑えてるんだって、そう信じてほしい。

とにかく損得考えずに全力で、たまには神社に行って心を整えながら、一生懸命、目の前のことに没頭してください。

それが僕が伝えたい、僕なりの「運気アップの習慣」です。

最後に、僕の写真を待ち受けにしてくれた人、SNSでフォローしてくれた人、本作りに協力してくれた人、家族、友人、スタッフ、いつも応援してくれるファンのみんな、そして、今この本を読んでくれているあなた。

ご縁あるすべての人に、いいことがありますように。

みなさんのご多幸をお祈りして……

運気――

アーップ!!!!

2020年春　湘南乃風　SHOCK EYE

SPECIAL THANKS

この本を作るにあたり、僕のインスタグラムで悩みを募集しました。

様々な悩みを寄せてくれたみんなのおかげで、最高の一冊が生まれたと思っています。協力してくださった方々、本当にありがとうございました!!

感謝の気持ちを込めて、皆さんのお名前を掲載させていただきます。

すべての悩みに答えられたわけではないけれど、少しでもみんなの力になれていたら嬉しいです。

SHOCK EYE

●ご協力いただいた皆さま（敬称略）●

3210688, ＊Daisy＊, @ohana9556, _o7001, ☆はる, ☆みっちゃん☆, ♡ryuyuayu♡, ♡SAORI 1205♡, 2mam, 39chobi, 39chobi_134, a.my.mikan, a.s.k.eye134, aimi_1117, aipii, akane, akemi, aki8118, akira, akiyo, alare, anon, anpanman, A-S, AyA, aya, AYA, aya.s86, AYAKAF, ayumi, bibi, BOKO, CHARA-MI, chicole, chii, CHII_CHIMA, chi-ka, Clover, coco, Coo, crow, Daichi, DAN-DAN, Donako, EMI, emimaru, ENKAI, ERIKA, FOX, frog, gacha6, GDめぐみ, go_134snkz, gyokoto, HAL-KUN, hama_yuu0926, HAN-KUN NANA, hiiiBK, hii-kun134tj, Hikari, HINATA, HINATA8090, HIRO, hiromi.J, hito, HOSOI TAMAKI, ii_rr_0116, IKU, I'mer, JewelryStar, K.K, K-KUN, K46, ka__e929, kaisan, kana, Kana mznk, kana_snkz, kanak026, kanatezza, kanemi, kao, KAO, kaooak, ka-oru, kaz, kaZZ, KEI, kei, keiko, Keita, Keiじ, KICI, Kiki, kiyo, KIYO, kotakanママ, kumi, KUMIZOU, kumizou, KYK311, kyk5069, kyonkyon, Licca, long-Mountain☆H, Lv1のみならい, maana, mackey1004, MAI, mai, makaru10, mana, marin, mayoko, mayu *, mayutaka, MEGUMIN, milkitty, mickey, Miee, MiI, mii, mii&strawberry, MIKKUN, mimu, Mirei, mitu, MIYABI, miyu, MIYU, miyu__tg, mizusato, MNM, MOMO, momo, Momose, motio, motio082, na, na2mo7ka, Nami, nao, naomi, NIKI, nobesan, nogi, norinoa, Nozomi_Official, nozomi921, N子, O.Yumi75, Official_Nozomi, ok terumako.082134, oove8812, PanDeMic, Pmako, qoo, Rankiryuhyohaku, rara.co, Reika, Reikooo, Rena.kaze, Rii, Rina, rina, rinkotbuki, Risa, rubi, ryota___134, ryuji, S, s.s.hei, s_ttymaki, SAAYA, sachi, sada-yasu, sae, sakura, sangokuni_wf, saopy, SATO24, satodaimon, saya_SAKI, sayaka1411, sayu, SEIKO, SHIHO☆M, shiitan, SHINNOSUKE, shizuka, SHOCK SAKI, SHUN, sk12, snkz_1_3_4, snow.k, so-chi, sota, ssk324, sugar, swu, syomari, T, TA2G, taichi46, takako, tako134, tao88, tenma.monkey, teru.0531, THEREMIN, tnkRin, tokoko, Tomo, TOMO@風一族, VERY, waayo, waka, WAKO, Yanamaru, Yasuo, yellow_crew, YOSHI, Ÿoshi, yoshita, YOSHIYASU, yucac.co, yuh, yuh.fsm, yukasso, yuki, yukina_nakamura, Yukkiy, yuko, Yuko7Happy, YU-KUN, yumi.s, Yumico, yunn, YURIA, YUTA, yuta never give up, Yuuuume, yuuuuu5, あーちゃん, あい, あいおっち, あいか, あいちゃん, あいり, アカウント, あかり, あき, あぐり, あさ, あさり, あっしゃん, アノ, あまんど, アミ, あや, あやか, あゆか, あゆみん, ありちゃ, あんず, アンディ, あんぽ, いく, いくみ, いけりんご, いず, いせうことの, イ

ソップ，いづ，いっき，イッキ，いっちゃんまま，イルカ，イロハ，いろは，うーさん，うさ，え っ ち ゃ ん，えっチャン，えみこ，えり，エリカ，おかえ，オカモト，おかん，おっしー，おでん，おとーふ，おにまこ，おひさま整体，おむ，かえで，かおり，かげやん，かける，かず，かずま，ガッツー。，かな，カナ，かなえ，かなこ，かなまる，かなやん，かのん，からんころん，きーちゃんまん，きなこもち，ぎゃびー，きゃみー，キャリー，くまたろう，くらら，けい，けいつ，けいと，げんげん，こういちまる，こうたろう，こーせー，コーデリア，ココ，ここ，ここたろう，ココナッツ，こにたん，このみ，こはななパパ，ごましお，こみっちゃん，こめらした，さあ，さーちゃん勇斗，さおり，サオりん，サオリン，サキ，さき，さくら，さち，さちえ，さっちー，さと，さとし，さとみ，さな，さやま，しーもくら，じぇい，ジェシカ，しおん，しこだ，しほ，しぽりん，しまんちゅ，しめじ，しゃぁぁく，シュー5，じゅり，しゅん，じゅん，しゅんすけ，じゅんぺい，しょーご，しん，しんた，しんのすけ，すーくん，すずか，すずもとみゆ，すちこ，せーな，そらいろ，そらしろdog，たいあすけん，だいくん，だいすけ，たえぴxxx，たか子，たく，たくわん，たけ，ただき，たっき，たっきー，タツキング，たったかたぁ，たつみ，たつや，タピオカみぃ，だぼる，たま，たまみ，だん，ちぃ，ちい，ちぃ。，ちえ，ちえごろー，ちえまく，ちか，ちこ，ちずる，ちむ，チャールズ，ちゃみ，ちゃんとも，ちゅんママ，ちょり，ちるちょん，ちるちるまぁま，つの，でか，てじまみ，テラ，てんてん，てんま，とーる，としちゃん，ともあき，ドラちゃん，どらみお，とりこま，とりちゃん，なお，なおぴ，なかもりさおり，ナギ，ナギー，なぎさ，なすかん，なつ，なつき，なっち，なっつ，なべ，なるうみ，なるみ，なんなんさぁ，なんもんママ，ニコちゃん，にじいろはいさい，ニッキー，ぬーぴー，ぬーひら，のおん，のぞみ，のん，のんたん，のんちゃん，ハナ，はなかい，はる，ハル，はるとあき，ひー，ひーたん，ひえな，ひかる，ひなた，ひなリス，ヒビ，ひまりく，ぴよ，ひよこ，ぴよまる，ひより，ぴらさき，ひりゅー，ヒロ，ひろ，ひろぽん，ヒロミ，ぷぅ，プーさん，ふかゆう，フシ，ぷに，ふるちゃん，ふるっち，ぶんぱく，ペコ，ポコ，ほし，ぽっぽ，ほなみ，ほにゃちん，ほのか，ぽんかん，まー，まーみん，まい，まいまい，まお，まきま, まこ, ましろ, まつ, まつこう, まっちゃん, まっつ, まつみ, マナ521, まなち, まなや, まみ, まみう, まめ太郎, まや, まやか, まゆ, まり, まりあえ, マリィ, まりえ, まりっぺ, マリン, みぃ, みー, みぃちゃん2号, みーぽ, ミオ, みか, みかん, みき, みきひろ, ミサキ, みさき, みずき, みずほ, みちゃま, みづき, みっきー, みとら, みなつん, みのり, みはる, みほ, みほみほ, みゆ, みゅー, みゆき, みゆきち, みるく, むっちゃる, むってぃ, むん, めぇ, メガネパン, めぐみ, めぐ助, モジャ, もっか, もね子🌸, もみ, もも, もる, やーくん, やすか, やっぴ, やまさと, やらかな, やんちゃママ, ゆい, ゆぅか, ゆうか, ゆうこ, ゆうご, ゆぅちゃん, ゆーちゃん, ゆーなママ, ゆうまほ, ゆうゆ, ゆうり, ゆかちん, ゆかり, ゆき, ゆきの, ゆきべー, ゆきんこ, ゆきんちょ, ゆせ, ゆっきー, ゆっこ, ゆっぴ, ゆな, ゆみ, ゆみか, ゆり, ゆりか, ゆんママ, よーこたん, よかよか, よこたく, よしの, よっこ, ヨッシアイ, よっすぃ〜☆, らぁママえみ, ラキ, ラヅカ, りー, りーやん, リーロバ, りか, りこりこ, リサ, りさ★, りちゃ, りゅうが, リュウキ, リュッピー, リョウ, りょうすけ, りょうや, りょーーま, るいす, るいぴー, ルナママ, るみるなちゃん, るみるみ, レイカ, れん, れんこん, ロードエイドステーション, わかな, わびさび, ワンコ, 亜紀, 亜未, 愛梨奈, 為せば成る, 磯崎珠里, 音, 佳央理, 岐阜の不美少女, 亀吉, 久美, 恭一, 琴音, 衿那, 近藤健太, 銀ちゃんママ, 釧路乃風, 恵子, 景子, 結菜, 結莉奈, 康太朗, 黒まる, 沙織39, 彩華, 菜央, 菜穂子, 桜, 三色団子, 志保, 紫乃, 詩ちゃん, 若王子乃風, 修也, 秋千, 蹴。京。の父, 蹴京の母, 純平, 匠平, 将希, 松田龍也, 真, 真ちゃん, 真月, 杉山 命, 政男, 聖奈, 千恵, 千広, 川本健也, 壮星, 荘乃, 泰, 大ママ, 大阪のいばら, 大斗, 蝶香, 直美, 天下の暇人, 天道虫, ニートンボ, 日穂, 乃紅, 波威斗, 梅田裕大, 隼, 妃咲, 美花, 美貴, 美瑳希, 美津希, 美瑠, 豹旦那, 浜風, 舞衣, 福壮, 峰裕, 北別府大爆発, 睦, 夢子, 明優実, 優樹, 優美, 友里, 悠々, 柚のぱぱ, 由佳, 由樹ねぇ, 祐輝, 遊, 遥花, 卵ボーロ, 瑠美, 玲華, 礼奈, 鈴奈, 恋する納豆菌, 蓮花, 刹那, 將直人, 濱田紗奈江, 翔, 茉鈴, 莉菜, 莉緒奈

PROFILE

SHOCK EYE（ショック アイ）

1976年神奈川県生まれ。RED RICE、若旦那、HAN-KUNと共に「湘南乃風」を結成。2003年、アルバム『湘南乃風 ～REAL RIDERS～』でデビュー。これまでにシングル19作品とアルバム7作品、ベスト盤2作品をリリース。2011年にはポルノグラフィティの新藤晴一、サウンドクリエーターの篤志と共にTHE 野党を結成。また、近年は℃-uteやジャニーズWEST、YouTuberのフィッシャーズなど幅広いジャンルのアーティストに楽曲提供を行う。著書に『歩くパワースポットと呼ばれた僕の大切にしている小さな習慣』（講談社）がある。

○湘南乃風オフィシャルHP
http://www.134r.com/

○Instagram
@shockeye_official

○Twitter
@SHOCK_EYE_

○オンラインコミュニティ「SHOCK EYEのわくわく相談室」
https://shockeye.jp/

STAFF

ブックデザイン　西垂水 敦・市川さつき（krran）
撮影　大坪尚人（本社写真部）
［カバー写真、口絵、P66～67、特典カード］
※他の写真は著者撮影
ヘア＆メイク　大島千穂
スタイリング　渕上カン
取材協力　株式会社テレビ朝日ミュージック
企画・PR　黒田 剛
編集協力　國見 香
編集　渡辺絵里奈

SPECIAL THANKS

●湘南乃風
RED RICE
若旦那
HAN-KUN

歩《ある》くパワースポットと呼《よ》ばれた
僕《ぼく》の大切《たいせつ》にしている運気《うんき》アップの習慣《しゅうかん》

2020年3月26日　第1刷発行

著　者　湘南乃風《しょうなんのかぜ》　SHOCK EYE《ショックアイ》

発行者　渡瀬昌彦
発行所　株式会社講談社
〒112-8001　東京都文京区音羽2-12-21
電話　編集 (03)5395-3522
販売 (03)5395-4415
業務 (03)5395-3615

印刷所　豊国印刷株式会社
製本所　株式会社国宝社

ISBN978-4-06-519442-3
JASRAC出2002588-001